Volker Kitz

Spaghetti Shebanese

Delikate Gerichte aus Katzenfutter

Probieren Sie selbst, was Ihrer Katze so gut schmeckt

Eichborn.

Ich danke meiner Familie und meinem Freundeskreis, die mich während der Entstehung dieses Buches als einen in Bergen von Whiskas & Co-Dosen versunkenen, zu keinem anderen Gesprächsthema als Katzen-Leckereien tauglichen Mitmenschen ertragen haben. Mein besonderer Dank gilt meinen Eltern für die kritische Durchsicht des Manuskripts sowie Markus Baum für seine wertvollen Anregungen.

Die deutsche Bibliothek – CIP Einheitsaufnahme

Kitz, Volker:
Spaghetti Shebanese : delikate Gerichte aus Katzenfutter / Volker Kitz. – Frankfurt am Main : Eichborn, 1998
ISBN 3-8218-3535-4

Umschlaggestaltung: Moni Port
Lektorat: Uwe Gruhle, Oliver Nagel
Gesamtherstellung: Fuldaer Verlagsanstalt GmbH, Fulda

ISBN 3-8218-3535-4

Verlagsverzeichnis schickt gern:
Eichborn Verlag, Kaiserstraße 66, D-60329 Frankfurt
Informationen über unsere Bücher finden Sie auch im Internet unter
http://www.eichborn.de

Wenn auf dem schön gedeckten Tisch die wohlmundenden Speisen duften, die gut temperierten Weine, klaren Wässer und kalten Säfte locken, wenn die Tischgesellschaft Harmonie atmet und das Ambiente einer genüßlich entspannten Atmosphäre den freundlichen Rahmen gibt, dann beginnt der Gourmet zu schnurren wie ein glücklicher Kater. Aus dem Gourmet ist ein Schnurrmet geworden.

Dieses Buch stellt nicht in Frage, daß Katzenfutter ein Tiernahrungsprodukt und kein Lebensmittel ist. Nach den dem Autor derzeit zugänglichen und sorgfältig recherchierten Erkenntnissen bestehen gleichwohl keine Bedenken gegen den Verzehr von Katzenfutter durch Menschen. Aber obwohl die Speisen unserer Katzen lecker sind und nach mehr schmecken, sollten Sie der Versuchung widerstehen, sich in Zukunft ausschließlich von ihnen zu ernähren. Das wäre ungesund, weil einseitig, und wir legen keine Pfoten dafür ins Feuer, daß durch den (möglicherweise übermäßigen) Genuß von Katzen-Delikatessen nicht doch mal unerwünschte Nebenwirkungen auftreten. No risk, no fun.
Warnung: Vermeiden Sie es, herzkranken oder nervenschwachen Menschen Katzenfutter zu verabreichen, ohne sie vorher über die Zutaten informiert zu haben. Es könnten schockbedingte Gesundheitsschäden eintreten.

Inhaltsverzeichnis

Das Schnurrmet-Grundwissen 9

Der Schnurrmet-Führer 17

Die Schnurrmet-Rezepte 35

Der Mann im Supermarkt 35
Spaghetti Shebanese 37

Sugars weiter Weg 38
Lasagne »Garfields Liebling« 40

Kein Bier für Trixie 41
Chili »Krallenscharf« 43

Vollwaschgang für Barney 44
Tom-und-Jerry-Burger 45

Der Aufstieg einer First Cat 47
Flambeé »Leuchtendes Katzenauge« 48

Humphreys politische Karriere 49
Asiatischer Siam-Wok 51

Snoopy, der Postschreck 52
Schlemmerpfanne »Mischling« 54

Rache im Regen 55
Chicken-Nug-Cats *58*

Tigers Notruf 59
Gefülltes Katzenkörbchen *61*

Minni, die Klau-Katze 62
Milk-Shake »Kalte Zunge« *63*

Basils cleveres Doppelleben 64
Kater-Curry *66*

Nelson auf Seereise 67
Getigerter Kitten-Pudding *68*

Tessas Tischmanieren 69
Omelett »Katze im Sack« *71*

Eine Weihnachts-Katzengeschichte 72
Kuschelmenü »Schmusekater« *73*

Der Schnurrmet-Knigge 78

Und zum Schluß ... 85

Das Schnurrmet-Gästebuch 86

Das Schnurrmet-Grundwissen

Kennen Sie »hachino-ko«? Vielleicht waren Sie schon einmal in Japan, dann ist Ihnen »hachino-ko« möglicherweise ein Begriff. »Hachino-ko« sind gekochte und eingelegte Bienenbabys. Für die Japaner ein festlicher Gaumenschmaus. Eine ähnlich köstliche Delikatesse sind auch »inago«, mit Zucker und Soyasoße gewürzte Heuschrecken. Die aß schon Johannes der Täufer, den wir aus der Bibel kennen. Andere Leute wiederum schwören darauf, ihren eigenen Morgenurin zu trinken – und sie fühlen sich gut dabei.

Was sagt uns das? Daß viele Dinge, vor denen wir uns zunächst ekeln, uns nicht unbedingt schaden, sondern möglicherweise sogar gut für uns sind. Und vor allem: daß Dinge, vor denen wir uns ekeln, ganz ausgesprochen köstlich schmecken können.

Warum ekeln wir uns aber dann vor ihnen? Diese Frage ist nicht leicht zu beantworten. Es gibt sehr oft keinen logischen Grund, warum wir vor etwas Ekel empfinden. Es ist einfach ein Gefühl aus dem Bauch heraus, eine sehr starke Barriere im Kopf, die uns signalisiert: »Das habe ich noch nie gegessen, das ist nicht üblich, das muß ekelhaft sein!« Aber eine Sperre im Kopf kann man lösen. Man tut das, indem man seinen Verstand benutzt. Indem man sich vor Augen hält, daß es keinen einleuchtenden Grund gibt, warum man eine bestimmte Sache als ekelhaft empfinden sollte.

In Ihrem Kopf gibt es wahrscheinlich in dieser Sekunde noch eine solche Abwehrhaltung, die Ihnen

suggeriert: »Katzenfutter habe ich noch nie gegessen. Das ist für Katzen da, nicht für Menschen. Katzenfutter essen ist ekelhaft!«
Glauben Sie, es wird mir gelingen, diese Barriere in Ihrem Kopf zu durchbrechen? Lassen Sie es mich versuchen. Zum Beispiel mit der folgenden Frage:

Wetten, daß Sie schon oft Katzenfutter gegessen haben?

Diese Wette habe ich vermutlich gewonnen. Doch lassen Sie uns die Frage gemeinsam untersuchen, ganz von vorne und schön der Reihe nach.
Nehmen wir ein Döschen Katzenfutter zur Hand. Eine bestimmte Marke oder Sorte ist nicht erforderlich, es kann jede beliebige Dose sein. Auf der Rückseite der Dose finden wir einige Angaben, aufgeteilt in die Rubriken »Zusammensetzung«, »Inhaltsstoffe« und »Zusatzstoffe«.
Wir springen zunächst direkt zu den »Inhaltsstoffen« und lesen den Feuchtigkeitsgehalt ab. Er liegt bei den meisten Dosenfuttersorten bei mindestens 80 Prozent. Gemeint ist damit die natürliche Feuchtigkeit, die in Fleisch enthalten ist. Also Wasser, einfach Wasser. Wir sehen: Vier Fünftel des Doseninhaltes bestehen aus Wasser, aus harmlosem Wasser!
Lesen wir weiter unter »Inhaltsstoffe«: »Rohprotein« gibt den Eiweißgehalt des Futters wieder, »Rohfett« natürlich die im Futter enthaltenen Fette. »Rohasche« hört sich ein wenig danach an, als hätte jemand den Inhalt seines Aschenbechers unter das Futter gemischt. Doch der Begriff ist nichts anderes als eine Bezeichnung für den unverbrennbaren Anteil des Futters, den Anteil, der keine Energie enthält. Die Rohasche umfaßt die mineralischen Bestandteile,

also unter anderem auch die lebenswichtigen Mineralstoffe. Die »Rohfaser« schließlich enthält die Ballaststoffe, die unverdaulichen pflanzlichen Bestandteile. Sie regeln die Darmtätigkeit.
Das klingt doch alles schon mal gar nicht so schlecht. Lauter Inhaltsstoffe, die auch wir Menschen in unserer täglichen Nahrung brauchen und zu uns nehmen. Der spannende Teil ist die »Zusammensetzung«. Dort werden die verwendeten Rohmaterialien, aus denen das Futter hergestellt ist, aufgelistet. Bei Dosenfeuchtfutter steht an dieser Stelle regelmäßig »Fleisch und tierische Nebenerzeugnisse«.
Fangen wir mit dem Fleisch an. Ich weiß, daß diesbezüglich ganz schauerliche Vorstellungen existieren. Die meisten Menschen glauben, das zu Katzenfutter verarbeitete Fleisch stamme etwa von Tieren, die tot am Straßenrand gefunden wurden und ohnehin »Abfall« waren. Das ist freilich nicht der Fall. Zu Katzenfutter werden nur gesunde Tiere verarbeitet, die für den menschlichen Bedarf geschlachtet wurden. Natürlich bekommen die Katzen nicht die Filetstücke – die landen in Ihrer Metzgerei. Aber neben dem Sonntagsfilet gibt es noch viele andere genießbare Fleischpartien an Tieren, und diese werden zu Katzenfutter verarbeitet.
Das Gesetz – genauer: die deutsche Futtermittelverordnung – sagt bereits, daß für Katzenfutter nur »Fleischteile geschlachteter warmblütiger Landtiere« verwendet werden dürfen. Es besteht auch kein Anlaß, daran zu zweifeln, daß die Hersteller sich an diese Vorschriften halten: Zum einen will niemand Probleme mit den Ordnungsbehörden bekommen, denn die Futtermittelproduktion wird streng überwacht.
Außerdem hätten die Futterhersteller viel zu tun, wenn sie tagein, tagaus Straßen und Wälder nach verendeten Tieren absuchen und die Kadaver dann zur

Verarbeitung transportieren müßten. Dies wäre sicher nicht gerade die billigste Art der Futtermittelproduktion. Es darf bezweifelt werden, daß auf diese Weise genug Fleisch zusammenkäme, um den riesigen Bedarf auf dem Katzenfuttermarkt auch nur annähernd zu befriedigen.

Der dritte Grund ist der einleuchtendste: Der Katzenfuttermarkt ist ein riesiger, millionenschwerer Markt. Kein Hersteller kann und will es sich leisten, die Scheibe, die er sich von diesem Kuchen abgeschnitten hat, zu verlieren. Das gelingt ihm aber nur, wenn er für seine Produkte einwandfreies Fleisch

> ***Wußten Sie eigentlich ...***
>
> ... daß Katzenhalter sich ihre Lieblinge ganz schön was kosten lassen? Nach englischen Untersuchungen betragen die Haltungskosten für eine Katze in zwölf Jahren mehr als 20.000 DM.

verwendet. Denn Katzen sind gnadenlose Feinschmecker. Sie würden sofort merken, wenn ihnen schlechtes Fleisch vorgesetzt würde. Probieren Sie gerne selbst einmal, wie Ihr verwöhnter Kater reagiert, wenn Sie ihm altes oder verdorbenes Fleisch vor die Nase halten: Er wird Ihnen was fauchen! Und wenn die Katze eine bestimmte Sorte unangetastet läßt, strafen Frauchen und Herrchen den betreffenden Hersteller mit Verachtung. Dann aber ist der blitzschnell vom Markt gefegt – wer wäre so dumm und würde dies riskieren?

Wir sehen also: Die Vorstellung, in Katzenfutter sei altes, ungenießbares Fleisch verarbeitet, ist vollkommen absurd. Ihre Katze bekommt Stücke desselben Tieres, von dem auch Sie essen.

»Trotzdem«, höre ich Sie jetzt einwenden, »tierische Nebenerzeugnisse, das hört sich nun wirklich ziemlich verdächtig an.« Es ist in der Tat ein Sammelbegriff, unter dem sich vieles verbergen kann. Aber auch hier gilt zunächst: »tierische Nebenerzeugnisse« dürfen nur von »geschlachteten warmblütigen Landtieren« stammen. Nach Herstellerangaben verbergen sich hinter diesem Begriff Innereien wie Leber, Lunge, Nieren, Pansen, Herz.

Wenn Sie jetzt sagen: »Habe ich doch gewußt! Das ist ekelhaft! Solche Dinge esse ich sonst nie!«, dann frage ich Sie: Haben Sie schon einmal Leberwurst gegessen? Oder Fleischwurst? Knackwurst? Fleischkäse? Blutwurst? Irgend etwas Ähnliches?

Wenn Sie diese Frage mit »ja« beantworten (und davon gehe ich aus, es sei denn, Sie sind Vegetarier, aber dann ist dieses Buch sowieso nichts für Sie), dann stehen die Chancen nicht schlecht, daß Sie sich schon ein oder mehrere der Bestandteile haben schmecken lassen, vor denen Sie sich gerade noch mit voller Hingabe geekelt haben.

Die »Leitsätze für Fleisch und Fleischerzeugnisse des Deutschen Lebensmittelbuches« liefern den Beweis. Dort heißt es:

> *»Innereien für die Herstellung von Fleischerzeugnissen sind Leber, Herz, Zunge ohne Schleimhaut, Schweinemicker, Speiseröhre ohne Schleimhaut.*
> *Darüberhinaus werden für spezielle Fleischerzeugnisse verwendet: Lunge, Hirn, Bries, Milz, Nieren, Magen und Vormagen ohne Schleimhaut.«*

Hirn und andere innere Organe von Rind und Schwein dürfen in über 100 deutschen Wurstsorten verarbeitet werden. Und ein feines Stück Leber oder eine Lungen- oder Hirnwurst sind auch bei uns Nahrungsmittel, die oft und gerne gegessen werden. Nach eigenen Angaben verwenden die Katzenfutterhersteller ausschließlich solche Bestandteile, die auch in für den Menschen bestimmten Lebensmitteln enthalten sein dürfen. Wir halten also fest: Tierische Nebenerzeugnisse sind durchweg Produkte, die vom Menschen problemlos gegessen werden können und auch in vom Menschen geschätzten Leckerbissen verarbeitet sind.

»Aber was ist mit BSE und anderen Krankheitsgefahren?«

Auch die Herkunft der Rohmaterialien für Katzenfutter richtet sich nach strengen Regelungen. Bereits seit Jahren wird nach Herstellerangaben kein englisches Rindfleisch mehr verwendet, und auf den Einsatz bestimmter kritischer Materialien wie z.B. Hirn und Markknochen vom Rind komplett verzichtet. Einfuhr und Verarbeitung von Fleisch für Futtermaterialien unterliegen strengen veterinärärztlichen Kontrollen. Schließlich gibt es auch Fälle von »Katzenwahnsinn«, und es ist ebenso Aufgabe der Ordnungsbehörden, den Ausbruch von Tierseuchen zu verhindern wie den von Menschenseuchen.

Power aus der Dose

Soweit, so gut. Schädlich ist der Genuß von Katzenfutter also nicht. Lassen Sie uns gemeinsam überprüfen, ob wir unserem Körper vielleicht sogar etwas Gutes tun, wenn wir Katzenfutter essen. Dazu nehmen wir wieder unser kleines Döschen zur Hand. Unter der Rubrik »Zusatzstoffe« können Sie selbst lesen, welche besonderen Vitamine der Sorte beigemischt sind, die Sie gerade ausgesucht haben. Die meisten Produkte sind heute sogar ohne Farb- und Konservierungsstoffe. Da ist also selbst für den gesundheitsbewußten Reformhauskunden etwas dabei. In der Katzenmilch »MilkPlus« von Whiskas ist sogar Taurin enthalten. Taurin, eine Aminosäure, ist ein echter Wachmacher, der auch in gängigen Energy-Drinks Verwendung findet. Katzen brauchen diese Aminosäure ganz besonders, weil sie sie im Gegensatz zum Menschen nicht selbst bilden können.

Wußten Sie eigentlich ...

... daß es im »Animal Studies Center« in Waltham (England) ein riesiges Labor gibt, in dem die Ernährung von Katzen wissenschaftlich erforscht wird?
Hunderte von Katzen leben dort unter ärztlicher Aufsicht – ständig wird hier an optimalen Futterprodukten für Katzen gearbeitet. Unzählige wichtige Erkenntnisse wurden von hier schon an die Futterhersteller geliefert.

Eine letzte Frage wird Sie jetzt mit Sicherheit noch beschäftigen:

Warum in aller Welt sollte ich Katzenfutter essen, wo ich doch genügend Fleisch aus meiner Metzgerei essen könnte?

Darauf bekommen Sie von mir zwei Gegenfragen nebst Antwort: Warum essen Sie Spiegelei, wo Sie auch Rührei essen könnten? Warum benutzen Sie überhaupt verschiedene Kochrezepte, wo Sie jeden Tag das Gleiche auf den Tisch bringen könnten? – Es ist einfach eine kleine Erweiterung unserer Genußmöglichkeiten, eine Bereicherung unseres Alltagslebens, Mutprobe und Gaumenkitzel, eine prickelnde Art des Feinschmeckertums. Schnurrmet zu sein ist der neue Kult für die Genießer von heute.

Sind Sie jetzt neugierig geworden?

Nein? Dann legen Sie dieses Buch schnell wieder weg oder schenken Sie es jemandem, der wirklich weiß, was gut ist – einem potentiellen Schnurrmet eben.
Ja? Dann lesen Sie weiter. Bevor Sie Ihre erste Gabel Katzenfutter in den Mund schieben, sollten Sie sich einen kleinen Überblick über das Angebot verschaffen. Dann sind Sie auf dem richtigen Weg zum Schnurrmet – viel Spaß und:

Bon Appetit!

Der Schnurrmet-Führer

Mein Schnurrmet-Führer ist eine subjektive Sache. Ich habe verschiedene Futtersorten darauf getestet, wie gut sie mir persönlich schmecken; außerdem mache ich jeweilige Besonderheiten in der Zusammensetzung deutlich.

Mein Urteil sagt nichts darüber aus, wie gut oder schlecht das Futter aus der Sicht Ihrer Katze schmeckt. Der Geschmackssinn der Katze unterscheidet sich von dem des Menschen so gravierend, daß sich hier keine Parallelen ziehen lassen. Meine Bewertungen sind daher auf keinen Fall dazu geeignet, daß Sie in Zukunft Ihre Katzenfütterung nach ihnen richten.

Gleiches gilt für meine Anmerkungen über die Zusammensetzung der verschiedenen Futtersorten. Auch sie werden hier ausschließlich in ihrer Bedeutung für den Menschen dargestellt. Was für Ihre Katze gut oder schlecht, gesund oder ungesund ist, wird hier nicht erörtert. Ich verweise diesbezüglich auf den letzten Testbericht der Stiftung Warentest, in dem alle bewerteten Feuchtfutterprodukte für Katzen mit dem Gesamturteil »gut« oder »zufriedenstellend« abschlossen. Die mikrobiologische Qualität wurde bei all diesen Produkten durchweg mit »sehr gut« beurteilt, und bei keinem einzigen getesteten Futter ergab die Prüfung auf Schadstoffgehalte Beanstandungen.

Füttern Sie Ihre Katze also ruhig wie bisher mit dem Futter, das sie am liebsten vorgesetzt bekommt. Nur wenn Sie selbst in die wundervolle Welt der Schnurr-

mets einsteigen wollen, dann mag Ihnen dieser kurze Bericht über meine persönlichen Geschmackserlebnisse ein kleiner Wegweiser sein.
Der Katzenfuttermarkt ist schier unüberschaubar, und die Sortimente verschiedener Hersteller ähneln sich in puncto Geschmacksrichtungen sehr – im Regal finden Sie einen klangvollen Namen neben dem

> ***Wußten Sie eigentlich ...***
>
> ... daß der Name »Whiskas« von dem Wort »whiskers« (engl. für Katzenbarthaare) kommt?

anderen. Hier ist also Raum zum eigenen Experimentieren – wenn Ihnen eine Sorte begegnet, die interessant aussieht oder sich aufregend anhört: Probieren Sie einfach!

1. Gruppe: Mittelgrobe Futtersorten

Whiskas »Fleischtöpfchen«
Schlecker-Töpfchen

Aussehen: Schönes Döschen, könnten Ravioli drin sein. Satte Fleischmischung, prallvoll bis an den Deckel, mit ein wenig Sülze obendrauf.
Geruch: Ein Mischmasch-Geruch. Würde sagen, die Leber überwiegt.
Geschmack: Lockere, feine und harmonisch ausgewogene Fleischmischung, die gut im Mund liegt.
Mein Schnurrmet-Urteil: Kann man als Zutat für die meisten der beschriebenen Rezepte verwenden, da keine besondere Geschmacksrichtung dominiert. Außerdem mag ich die handlichen Portionskonserven der »Fleischtöpfchen«, die im übrigen – wie auch

andere Sorten – keine Farb- oder Konservierungsstoffe enthalten.

Whiskas »Fleischtöpfchen«
mit zartem Lamm

Aussehen: Zart-dunkles, fast ein wenig erdiges Braun: hier läßt das Lamm grüßen.
Geruch: Besonders reintönig ist diese Sorte nicht, pures Lamm riecht anders. Aber es ist halt auch kein pures Lamm, sondern nur ein Fleischtöpfchen mit Lamm-Anteil.
Geschmack: Griffige, körperreiche Happen, die sich dennoch zart kauen lassen. Gut im Abgang, wenn auch der erhoffte Lammgeschmack eher schwach bleibt. Aber diese Sorte löst vielleicht eines der besten Gaumengefühle aus, die ich als Schnurrmet beim Genießen je hatte.
Mein Schnurrmet-Urteil: In der Konsistenz sehr angenehm, wenn es auch den Lammbraten, den es bei uns zu Hause zu Ostern gibt, im Geschmack nicht ganz ersetzt.

Whiskas »Beste Jahre«
mit leckerem Rind

Aussehen: Ein Portionsdöschen für Katzen ab acht, der Inhalt sieht sehr strukturreich aus. Viel Sülze drumherum.
Geruch: Intensive, etwas »heuige« Note.
Geschmack: Für meine Begriffe ein wenig zäh zu kauen, geschmacklich habe ich auch schon Aufregenderes erlebt.
Mein Schnurrmet-Urteil: Es gibt Sorten, die mir besser auf der Zunge liegen.

Whiskas »Die kleinen Feinen« mit Gans

Aussehen: Dunkel und strukturiert.
Geruch: Ein feiner Geflügelgeruch.
Geschmack: Toller Geschmack mit ganzen Gans-Brocken! Die schmeckt man wirklich raus!
Mein Schnurrmet-Urteil: Ein Leckerbissen für geflügelliebende Schnurrmets.

Sheba Menü mit Meeresfrüchten

Aussehen: Nun ja, von oben kann man die Meeresfrüchte, die da drin sein sollen, nicht unbedingt auf den ersten Blick erkennen. Es könnten höchstens die kleinen grünen Punkte sein, die hier und da durchschimmern ... Wollen wir's mal hoffen.
Geruch: Rieche ich da vielleicht ein klitzekleines bißchen von der großen weiten See – oder ist es nur die Einbildung? Jetzt bin ich aber wirklich gespannt, wie's schmeckt!
Geschmack: Na also! Da sind sie doch, die Meeresfrüchte! Man muß bloß mal mit der Gabel reinstochern. Jetzt ein Häppchen in den Mund ... Hmm... es schmeckt wirklich meerig gut.
Mein Schnurrmet-Urteil: Eine ausgefallene Kreation für ausgefallene Rezept-Ideen.

Sheba Festtagsmenü Truthahn

Aussehen: Klare, kristallartig funkelnde Oberfläche deutet auf einwandfreie Qualität hin – ein Leckerbissen für den Kenner zur schönsten Zeit des Jahres.

Geruch: Der erste flüchtige Eindruck beim Öffnen: Diese Dose scheint trotz ihrer kunstvollen, rührseligen Aufmachung (süß: Kater im mausekalten Schneesturm) nichts anderes zu bieten als die ordinären Alltagssorten auch. Aber welch eine Freude: Schwenkt man die Dose nur leicht, so läßt das Bukett die volle Reintönigkeit dieser edlen Kreation erkennen. Verheißungsvoll ...
Geschmack: Leider bestätigt der Gaumen die Eindrücke von Auge und Nase nicht. Da braucht man nicht lange auf den Nachgeschmack zu warten: Dieses Futter ist mir zu zäh!
Mein Schnurrmet-Urteil: Rustikal. Nicht gut zu kauen.

Sheba Menü mit Ente und Gans

Aussehen: Zartes dunkles Braun.
Geruch: Mit einer feinen Nase kommt man auf den Gans-Enten-Inhalt.
Geschmack: Bewährte Sheba Qualität! Fein zu kauen, ausgewogen im Geschmack, wenn auch die Ente mehr hergeben könnte.
Mein Schnurrmet-Urteil: Wieder einmal ein feiner Bissen.

Sheba Menü mit Kaninchen

Aussehen: Ich kann mir nicht helfen, aber die Sheba-Sorten finde ich vom Aussehen her einfach am appetitlichsten.
Geruch: Ich mag diesen feinen Geruch!
Geschmack: Toll, mit absolut zarten Fleisch-Häppchen! Wirklich eine Freude!

Mein Schnurrmet-Urteil: Sicherlich in der Kategorie der Besten anzusiedeln!

Sheba »Ragout« mit Kalbshäppchen

Aussehen: Das sieht ein wenig ausgefallen aus: bunt zusammengewürfelte Stückchen in gelblicher Soße, eben wie Ragout.
Geruch: Riecht eigentlich eher so, als wäre es eine Wild-Sorte.
Geschmack: Die gelbliche Soße schmeckt im Grunde nach nichts. Aber es ist sehr zart zu kauen.
Mein Schnurrmet-Urteil: Das Ragout-Feeling beim Kauen ist sehr nett, wenn mir auch der Geschmack nichts Außergewöhnliches zu bieten hat.

Sheba »Jelicatesse« mit Hasenhäppchen in feinem Aspik

Aussehen: Appetitlich aussehendes Fleisch sitzt geordnet in Jelly-Soße.
Geruch: Riecht wild!
Geschmack: Ja, da schmeckt man den Hasen durchaus.
Mein Schnurrmet-Urteil: Findet meine Zustimmung.

ALDI »Cachet« mit feinem Geflügel

Aussehen: Ei der Daus: Eine preiswerte Aldi-Sorte, die nobel aufgemacht daherkommt – verziert mit vielen goldenen Rahmen. Die »Produktinformation« auf der Rückseite verspricht eine »Komposition edelster Spitzenfleischsorten der Premiumklasse«.

Geruch: Ich möchte fast sagen, der typische »Katzenfuttergeruch« ist hier nicht ganz so penetrant.
Geschmack: Schmeckt bei weitem nicht so zart, wie es aussieht.
Mein Schnurrmet-Urteil: Ein wenig durchwachsen.

ALDI »Cachet«
mit Ente und Truthahn

Aussehen: Strukturreich und mit viel Sülze.
Geruch: Riecht schon wieder etwas mehr nach Katzenfutter.
Geschmack: Das ist schon zäh, wenn man mit der Gabel reingeht. Irgend etwas zieht sich da, ähnlich wie Sehnen beim durchwachsenen Steak. Ich kann nicht genau sagen, was es ist; vielleicht sind es Sehnen ... Ich möchte es jedenfalls gar nicht erst in den Mund nehmen.
Mein Schnurrmet-Urteil: Finde ich unappetitlich. Unter »Premium«-Qualität erwarte ich als Schnurrmet etwas anderes!

Edeka »Domino«
Geflügel

Aussehen: Das scheint mir recht grob.
Geruch: Meine Schnurrmet-Nase stellt keine Besonderheiten fest.
Geschmack: Zäh und mit unzerkleinerten tierischen Bestandteilen, die ich schwer identifizieren kann.
Mein Schnurrmet-Urteil: Nichts für mich.

Schlecker »AS Premium«
Geflügel und Mais

Aussehen: Da blitzen gelbe Punkte durch – das müssen wohl die Maiskörner sein.
Geruch: Riechen kann man den Mais allerdings nicht.
Geschmack: Da sind ja richtig viele Maiskörner drin! Die sieht man erst beim Umrühren. Ein Geschmack, der sich abhebt. Allerdings auch hier wieder: zäh ...
Mein Schnurrmet-Urteil: Der Mais verleiht dieser Sorte eine gewisse Originalität. Aber trotzdem für mich eher unterer Durchschnitt.

2. Gruppe: Grobe Futtersorten

Kitekat »Leckere Stückchen«
mit Muskelfleisch & Erbsen

Aussehen: Donnerwetter! Das ist 'ne Dose! 825 Gramm, davon kann man für die ganze Familie kochen. Um die aufzubekommen, braucht man ja einen richtigen Dosenöffner! Mal sehen, ob das klappt ... der Deckel hebt sich langsam ... das sieht sehr ordentlich aus: Wo Stückchen draufsteht, sind auch Stückchen drin. Ein wenig vertraut, dieser Anblick: wie Gulasch. Vereinzelt kann ich auch ein paar Erbsen in der Brühe sehen.
Geruch: Wie Eintopf, Erbsensuppe und Konsorten.
Geschmack: Dafür braucht man einen Löffel. Da gibt's auch endlich mal richtig was zu kauen. Man merkt dabei, daß die Stückchen ursprünglich wohl keine Stückchen waren, sondern zu solchen zusammengepreßt wurden. Aber es mundet mir, und auch

die Erbsen geben dem Geschmackserlebnis eine ausgefallenen Richtung.
Mein Schnurrmet-Urteil: Coole Idee, das mit den Erbsen. Macht insgesamt einen sehr »menschigen« Eindruck.

Brekkies »Stückchen in Soße« mit Rind

Aussehen: Das sind echt große Brocken, noch größer als bei den Kitekat-Stückchen.
Geruch: Den Geruch finde ich ein wenig fade.
Geschmack: Der Geschmak ist nicht schlecht, reißt mich aber auch nicht gerade vom Hocker.
Mein Schnurrmet-Urteil: Durchschnitt. Aber willkommen für Rezepte, bei denen man große Happen braucht.

Kitekat »Leckere Stückchen in Soße« mit Huhn

Aussehen: Wie die Kitekat-Stückchen halt so aussehen ...
Geruch: Wenn man den Dosenöffner ansetzt, entweicht tatsächlich sofort ein Chicken-Geruch.
Geschmack: Hätte ich mir deutlicher vorgestellt – schmeckt nicht ganz so stark nach Huhn, wie es riecht. Aber nicht schlecht.
Mein Schnurrmet-Urteil: Kann man ganz gut essen.

Kitekat »Feine Stückchen« mit Rind und Karotten

Aussehen: Griffige Happen, die ein wenig unbeweglich in ihrer Soße sitzen. Aber es ist halt nur eine klei-

ne Packung. Viele gute Möhrenstückchen kann ich sehen ...
Geruch: Es riecht nach Gemüse, ein wenig. Aber ich glaube, die Soße übertüncht alles, was die Mischung sonst an Geruch bieten könnte.
Geschmack: Die Möhrenstückchen geben diesem Fleisch einen mild-süßlichen Touch. Sehr interessant.
Mein Schnurrmet-Urteil: Ein aufregendes Geschmackserlebnis. Wer gekochte Möhrchen mag, wird auch diese Sorte mögen.

Felix »Leckerbissen in Soße« mit Rind, Lamm & Gemüse

Aussehen: Happige Bissen sind es zwar auch hier, aber die Soße ist eher eine Sülze. Sehr starr.
Geruch: Kommt leider nichts so richtig durch – die Soße führt auch hier das Regiment.
Geschmack: Das Fleisch bietet mir nichts Besonderes, aber die Gemüse-Mischung rettet auch hier das Gesamtbild.
Mein Schnurrmet-Urteil: Ganz interessant, aber nichts, wofür ich nachts aufstehen würde.

Whiskas »Jelly-Häppchen« mit Ente & Pute

Aussehen: Ein bißchen wie durchsichtiger Wackelpudding mit Fleischbrocken drin.
Geruch: Riecht trotzdem überwiegend nach Fleisch.
Geschmack: Das Jelly an sich schmeckt eigentlich nach nichts, aber es macht im Mund ein glibbriges Gefühl, das der Sache irgendwie einen Reiz gibt.
Mein Schnurrmet-Urteil: Mehr ein Kau- als ein Geschmacksabenteuer.

ALDI »Tix Saftige Häppchen« mit Thunfisch und Lachs

Aussehen: Noch eine Aldi-Sorte – und wieder eine Dose, für die man einen Dosenöffner braucht. Im Innern kann ich schöne Brocken in etwas wässriger Soße sehen.
Geruch: Da hätte ich jetzt starken Fischgeruch erwartet. Der hält sich jedoch zurück – ich weiß nicht, ob ich darüber enttäuscht oder froh sein soll ...
Geschmack: Die Häppchen sind nicht sehr fest; zerfallen teilweise schon, wenn man sie nur mit der Gabel aus der Dose nimmt. Auch der Geschmack läßt mein Herz nicht höher schlagen.
Mein Schnurrmet-Urteil: Ein wenig fad.

Lidl »Coshida Feine Stückchen« Wild

Aussehen: Geklont aussehende Brocken in unbeweglicher Soße.
Geruch: Hier kommt der Wildgeschmack tatsächlich einmal überraschend stark durch. Mal sehen, ob man das Wild auch gut herausschmeckt.
Geschmack: Ja, man schmeckt das Wild. Aber man spürt auch wieder, daß die Stückchen Preßfleisch sind.
Mein Schnurrmet-Urteil: Für Wildfans nicht übel.

ja! »Zarte Stückchen« mit Wild

Aussehen: Sehr, sehr dunkel ...
Geruch: Riecht ein wenig nach Wild, aber auch ein wenig nach mehliger Soße.
Geschmack: Schmeckt wie es riecht.

Mein Schnurrmet-Urteil: Nicht schlecht, aber die Soße dominiert mir zu sehr.

3. Gruppe: Feine Futtersorten

Sheba Menü
mit Lamm

Aussehen: Wie alle Lamm-Sorten: erdig-dunkles Braun, gut strukturiert.
Geruch: Dieser Geruch fällt mir positiv auf. Auch nach vielen Stunden Testen macht mir diese Sorte sofort Appetit.
Geschmack: Der Geschmack hält, was der Geruch verspricht: Das Lamm sticht schön heraus, dieses Döschen hat in der Tat seine eigene Note. Hinterläßt noch lange einen wundervollen Nachgeschmack. Allerdings könnte das Fleisch eine Idee zarter sein. Aber vielleicht bin ich da ja zu anspruchsvoll.
Mein Schnurrmet-Urteil: Eine der Dosen, die das Aroma, das draufsteht, auch am besten rüberbringt. Unbedingt mal probieren!

Whiskas »Katzenkinder«
mit Kalb

Aussehen: Zartes Braunrosa, feine Struktur, sieht tatsächlich aus wie eine Kalbsleberpastete.
Geruch: Ganz ehrlich – es riecht sogar ein bißchen so.
Geschmack: Aber hallo! Ich bin beeindruckt. So zart und geschmeidig, das kann man wirklich aufs Brot schmieren. Ich glaube, in Zukunft will ich ein Katzenkind sein ...
Mein Schnurrmet-Urteil: Hervorragend! Geeignet

zu Anlässen, bei denen wirklich gediegen diniert werden soll.

Friskies »Gourmet Gold«
Pastete mit Truthahn

Aussehen: Also das ist mir bis jetzt ja noch nicht begegnet: Steht da der Name dieser Kreation doch tatsächlich auch in französisch auf dem Döschen: »Mousse avec Dinde« – o lala! Exquisit! Auch sonst macht diese Sorte schon von außen einen sehr exklusiven Eindruck: eine Gourmet-Dose eben. Auch innen bleibt's edel: Der Inhalt dieser Dose steht im Aussehen meiner Frühstückspastete wirklich in gar nichts nach. Mal sehen, ob's mit dem Geschmack auch so ist.
Geruch: Jedenfalls riecht es auch so wie meine Frühstückspastete.
Geschmack: Hier gibt es rein gar nichts auszusetzen: Eine wundervoll zart-geschmeidige Pastete, die auch im Geschmack beeindruckt. Man soll wirklich nicht glauben, daß das eigentlich Katzenfutter ist!
Mein Schnurrmet-Urteil: Ein absolut charmantes Döschen. Da lacht das Herz des Schnurrmets! Von der Sorte probiere ich gleich noch eins ...

Friskies »Gourmet Gold« Häppchen
und Pastete mit Pute & Leber

Aussehen: Das gleiche edle Aussehen wie die »Pastete mit Truthahn«. Der französische Name dieses Leckerbissens lautet »Emincé et Mousse avec Dinde & Foie«. Man muß den Inhalt vorsichtig aus der Dose stülpen, um die raffinierte Zweilagigkeit zu sehen. Das ist wirklich gelungen!
Geruch: Um ehrlich zu sein: Die Pastete von eben

hat mich im Geruch mehr begeistert. Diese Sorte hier kommt schon wieder etwas näher an den »allgemeinen Futtergeruch«.
Geschmack: Aber im Geschmack ist sie wieder königlich. Zergeht fast von selbst auf der Zunge, ich traue mich gar nicht, große Gabeln voll in den Mund zu schieben, so vornehm schmeckt das.
Mein Schnurrmet-Urteil: Ich bin fasziniert! Das dürfte das Exklusivste sein, was ich je auf meinem Schnurrmet-Teller hatte.

Lidl »Coshida«
Geflügel

Aussehen: Auch diese Dose schmückt sich mit dem selbstverliehenen Prädikat »Premium-Qualität«. Nach dem Öffnen sehe ich eine Fleischmasse, die sehr fest zusammengepreßt aussieht.
Geruch: Ein extrem penetranter typischer Katzenfuttergeruch.
Geschmack: Zart ist es zwar irgendwie, aber der Geschmack beeindruckt mich nicht besonders.
Mein Schnurrmet-Urteil: Bekommt auf meinem Schnurrmet-Teller nicht die Auszeichnung »Premium-Qualität«.

4. Gruppe: Sonstige Raffinessen

Whiskas
»Crunch!«

Aussehen: Coole lila Box mit kleinen Knusperherzchen genau wie in der Chips-Abteilung. Da menschelt es sofort.

Geruch: Seltsam, kann ich beim besten Willen nicht genau definieren. Ein wenig wie trockene Roggenbrötchen, jedenfalls nicht gerade eine starke Geruchsausstrahlung.
Geschmack: Da cruncht's und knuspert's. Ja, es schmeckt wie knuspriger Roggen oder manche Getreideflakes, wenn man sie ohne Milch ißt, oder wie Croutons, die man auf den Salat streut, oder ...
Mein Schnurrmet-Urteil: Witzige Idee, die schmeckt und vor allem Spaß macht. Ein Herzli nach dem anderen, ich kann gar nicht mehr aufhören. Dabei sind die doch nur zum Drüberstreuen und Garnieren gedacht ...

Whiskas
»MilkPlus«

Aussehen: Da werden Erinnerungen an alte Schulmilch-Tage wach! Ein kleines Päckchen, bei dem nur das Einstichloch für den Strohhalm fehlt. Wahrscheinlich deshalb steht ausdrücklich »Milchgetränk für Katzen« drauf – damit es keine gedankenverlorene Mutter ihrem Söhnchen in die Schultasche steckt. Aber wer würde auch nach der Pausenmilch im Katzenfutterregal suchen? Der Inhalt jedenfalls sieht aus wie normale Vollmilch ...
Geruch: ... und riecht wie normale Vollmilch.
Geschmack: Nein, schmecken tut's nicht wie normale Milch. Ich will fast sagen, es schmeckt ein wenig süßer – was mich wundert, denn das Besondere an MilkPlus ist eigentlich, daß die Lactose, also der Milchzucker, der in der natürlichen Kuhmilch enthalten ist, in ihrem Gehalt reduziert wurde. Außerdem schmeckt's ein wenig nach Eisen, denn MilkPlus ist mit lebenswichtigem Eisen angereichert – genauso wie mit vielen Vitaminen. Auch Taurin gehört zu

den wesentlichen Bestandteilen, der Stoff, der in vielen Energy-Drinks enthalten ist.
Mein Schnurrmet-Urteil: Ich würde sagen: Jeder Schluck MilkPlus ist ein gesunder Schluck! Wenn ich so weitertrinke, bekomme ich noch einen Vitamin-Schock ...

Felix »Cat Snäx«
mit Käse und Herz

Aussehen: Dünnes, unauffälliges Tütchen, in dem dünne, unauffällige Sticks sind, nur zwölf an der Zahl, also viel weniger als in einer Packung Salzstangen. Mal sehen, ob ich nach dieser Packung mehr will ...
Geruch: Stark käsig, wie leckeres Käsegebäck. Wie genau Herz riecht, weiß ich nicht, rausriechen kann ich es jedenfalls nicht.
Geschmack: Also knuspern tut's nicht, die Stängchen sind eher weich und biegsam. Moment mal, der Geschmack erinnert mich an irgendwas ... Ach ja: Die Innereien-Suppe, die es zu Hause immer als Vorspeise zur Weihnachtspute gibt. Die ist ja nicht jedermanns Sache. Ich esse sie allerdings gern, und deshalb schmecken mir auch diese Herz-Käse-Sticks ziemlich gut.
Mein Schnurrmet-Urteil: Das ist was Feines für zwischendurch oder für den kuscheligen Fernsehabend nach dem Schnurrmet-Essen. Snäx stören auch nicht wie Salzstangen oder Chips, weil's eben nicht crackert (aus demselben Grund sollte man sie vielleicht auch in Kinos verkaufen). Ein Glas trockenen Weißwein, vielleicht einen Pinot bianco, könnte ich mir gut dazu vorstellen.
Vielleicht probiere ich demnächst auch mal andere Sorten der Cat Snäx, die mit Geflügel/Leber oder Lachs/Forelle.

Vitakraft
»Cat-activ« | ohne Wertung

Aussehen: Dieses Päckchen habe ich mir mitgebracht, weil es so interessant aussieht. Mal sehen, was man damit anfangen kann. Zuerst lese ich nach, was drin ist: in erster Linie Hefe und Biotin. Biotin, so verrät mir ein Blick ins Lebensmittel-Lexikon, ist ein wasserlösliches Vitamin. Der Katze verhilft es laut Packungsangabe zu einem »gesunden und glänzenden Fell«. Ich bin gespannt, was mit meinem Fell passiert ...
Geruch: Riecht ein wenig so wie ein sehr dunkles Hefeweizen-Bier.
Geschmack: Ich überlege noch, wie ich die Tabletten zu mir nehmen soll. Zuerst probiere ich es einmal mit Auflösen in Wasser ... Da tut sich nicht sehr viel: Eine Brausetablette ist es jedenfalls nicht. Was bleibt da übrig? Lutschen! Nun ja ... Es schmeckt interessant. Ein bißchen wie manche Halsschmerz-Tabletten. Andererseits: Die lutsche ich ja auch nur, wenn ich Halsschmerzen habe, und nicht, weil sie interessant schmecken.
Mein Schnurrmet-Urteil: Das ist etwas zum Experimentieren für Vollblut-Schnurrmets, die nach neuen Herausforderungen suchen. Und: Es ist bestimmt gesund. Mein Fell glänzt jetzt allerdings auch nicht mehr als vorher ...

Whiskas »Kitbits«
mit Kaninchen und Truthahn

Aussehen: Der wiederverschließbare Beutel gefällt mir. Sein Inhalt sieht allerdings ein wenig unförmig aus.
Geruch: Wie Fischfutter.

Geschmack: Wie Fischfutter!
Mein Schnurrmet-Urteil: Diese Sorte ist nichts für mich. Vielleicht probiere ich aber mal die anderen »Kitbits«-Sorten.

Die Schnurrmet-Rezepte

Jetzt kommen wir endlich zu den Rezepten. Damit's auch ein wenig unterhaltsam ist, habe ich zusätzlich ein paar kleine Geschichten für Sie zusammengetragen. Mit diesen Geschichten ist es so: Sie sind alle wahr, auch wenn das schwer zu glauben ist und ich es nicht bei jeder einzelnen ausdrücklich dazugeschrieben habe. Es sind Geschichten, die das Leben schrieb, Ereignisse, über die in Presse und Fernsehen berichtet wurde. Lediglich die Namen der beteiligten Katzen und ihrer Frauchen und Herrchen habe ich bisweilen geändert.

Die Rezepte sind jeweils für zwei Personen konzipiert, so daß die Mengenangaben gegebenenfalls umgerechnet werden müssen. Ich persönlich bin ein Knoblauchliebhaber – dies verraten meine Rezepte unzweifelhaft. Wer keinen Knoblauch mag, kann ihn auch weglassen. Das gilt übrigens für alle Rezepte: Bringen Sie ihre eigene Kreativität ein! Wenn Sie etwas ausprobieren möchten, tun Sie es! Schnurrmets sind neugierig und einfallsreich.

Und jetzt viel Spaß beim Kochen, viel Genuß beim Essen und viel Erfolg auf dem Weg zum Schnurrmet! Vergessen Sie aber vor lauter Eifer nicht, ihr Kätzchen zu füttern!

Der Mann im Supermarkt

In einer kleinen Stadt in der Nähe von London kann man bisweilen einen Mann mittleren Alters beim

Einkaufen im Supermarkt beobachten. Viel scheint er nicht zu benötigen: Er hebt zwei Kisten Katzenfutterdosen auf seinen Wagen und sucht ein paar Flaschen guten Weins aus.
Der Mann heißt David Doone. Man könnte nun auf den Gedanken kommen, das Futter sei allein für seine Katze Maggie bestimmt und er selbst lebe treu nach dem Motto: »Das bißchen, was ich esse, kann ich auch trinken.«
Indessen liegen die Dinge so, daß David Doone passionierter Hobbykoch ist, der nicht im Traum daran dächte, auf ein gutes Essen – für ihn eine der wenigen Freuden, die der karge Alltag zu bieten hat – zu verzichten. David Doone hat Zeit. Zeit, neue Dinge auszuprobieren.
Und so ergab es sich, daß David Doone eines Tages auf das schmale Treppchen anläßlich der Siegerehrung in einem exklusiven Kochwettbewerb hinaufgerufen wurde. Er wußte warum: Hatte er doch der Jury ein Gericht kredenzt, das so lecker aussah, daß es allen Anwesenden beim bloßen Hinsehen den Mund wässrig machte; und als die Preisrichter ein Gäbelchen kosteten, da schmeckte es ihnen so gut, daß sie freudig ausriefen: »Dieser Mann soll von uns den ersten Preis bekommen!« Noch sehr lange sprach man in der kleinen Stadt in der Nähe von London darüber, wie vortrefflich es doch denen, die das Glück hatten, von David Doones Gaumenkitzel zu probieren, gemundet hatte.
Einzig David Doone konnte sich, wie er da so mit seiner goldenen Preistrophäe stand, ein kleines Schmunzeln nicht verkneifen. Und während die Menge noch tobte wie von Sinnen, griff er flugs in die Tasche, zog ein kleines Döschen Katzenfutter heraus und sprach etwa dies: »Damit habe ich mein leckeres Menü bereitet. Das ist's, was Ihr gerade gegessen habt!«

Den Leuten war's egal. David Doone durfte seinen Preis natürlich behalten, und man wollte, daß er noch viel mehr auf diese Weise koche.
Und wenn man ihn heute im Supermarkt sieht, wie er da seine zwei Paletten Dosenfutter auf den Wagen hievt, dann weiß man: David Doone kocht mal wieder für ein Essen mit Freunden.
Und wer das alles nicht glaubt, dem sei versichert: Die Geschichte trug sich wirklich so zu. Und wer selbst dann noch Bedenken hegt, der wende sich doch an David selbst; zu erreichen ist er über die Redaktion der »Sun«: Er ist bestimmt gerne bereit, bei einem gemeinsamen Essen ein wenig zu erzählen aus seinem Leben in der kleinen Stadt in der Nähe von London.

Spaghetti Shebanese

200 g Sheba »Menü mit Kaninchen«
200 g Spaghetti
½ Zwiebel
1 – 2 Knoblauchzehen nach Geschmack
1 Möhre
2 EL feines Olivenöl
3 EL dunkelrotes Tomatenmark
75 g Butter
1 TL getrockneter Oregano
frisch geriebener Parmesan
Salz, schwarzer Pfeffer

Zwiebel und Knoblauchzehe pellen, feinhacken. Möhre putzen, nicht schälen, mit einer Käsereibe raspeln.
In einem kleinen Topf das Öl erhitzen. Zerkleinerte Zwiebel, Knoblauchzehe und Möhre einstreuen, kurz anrösten. Sheba dazugeben, unter Rühren schön braun braten. Tomatenmark einrühren. Auf milde Hitze schalten, weiterköcheln lassen.

Derweil 3 l Wasser in einem großen Topf zum Kochen bringen. Warten, bis es richtig sprudelt – erst dann etwas Salz hineinstreuen. Spaghetti in das Wasser legen. Umrühren, damit nichts am Boden festklebt. Auf die Uhr schauen und nach Packungsangabe kochen, besser noch: ab und zu probieren.
Die köchelnde Sauce Shebanese nicht vergessen: Butter zugeben, Oregano darüberstreuen. Umrühren, den Duft genießen. Auch schon mal kosten, mit Salz und Pfeffer abschmecken. Dabei einen Blick auf die andere Platte werfen und aufpassen, daß der Nudeltopf nicht überkocht.
Wenn die Kochzeit abgelaufen ist, Nudeln im Sieb mit eiskaltem Wasser kurz abschrecken. Auf Teller geben, die Sauce Shebanese frisch aus dem Topf darübergießen. Parmesan locker aufstreuen.
Getränk: Ein gutes Glas Merlot.

Mein Schnurrmet-Tip
Wenn die Spaghetti Shebanese auf dem Teller angerichtet sind, bestreue ich sie am liebsten mit frisch geriebener Muskatnuß.

Sugars weiter Weg

Zweieinhalb Jahre hatte Gerald Woake aus Anderson, Kalifornien, auf seine Versetzung nach Oklahoma gewartet. Im Juni 1996 schließlich wurde der Informatiker befördert und durfte gleichzeitig seinen Arbeitsplatz in die Hauptniederlassung des Flugzeugwerks verlegen, für das er arbeitete.
Seine Familie freute sich für ihn. Nun konnten sie aus ihrer Mietwohnung ausziehen und sich ein eigenes kleines Haus leisten – ein Umstand, der nicht zuletzt auch Sugar zugutekam, dem graugetigerten Kater

der Woakes, dessen Schwanzspitze einen lustigen kleinen Knick hatte, seit er einmal als junges Katerchen nicht schnell genug durch die Haustür gewitscht war.
Als der Tag des Umzugs gekommen war, herrschte große Betriebsamkeit. Ein kleiner LKW war bereits vorausgefahren, als Gerald und Amie ihre letzten persönlichen Dinge ins Auto packten, den beiden Töchtern Sandwiches schmierten und – nicht abfahren konnten. Sugar war verschwunden.
Und er blieb verschwunden, so oft die Kinder seinen Namen riefen. Vielleicht ist er ja im Laster, versuchte Amie sie zu trösten, aber sie glaubte selbst nicht daran. Zwei Stunden suchten die vier die nähere Umgebung ab. Sugar blieb unauffindbar. Dann konnten sie nicht länger warten.
Es wurde eine traurige Fahrt. 2500 Kilometer legten sie zurück bis zu ihrem neuen Wohnort.
Doch bald kam eine gute Nachricht aus Kalifornien: Sugar war wieder da! Er hatte plötzlich vor der Tür der ehemaligen Nachbarn der Woakes gestanden, nicht ganz zufällig vielleicht, denn bei denen lebte Sugars kleine Schwester. Jedoch er blieb nicht lange: nach ein paar Tagen war Sugar ein weiteres Mal auf und davon, und diesmal kam er nicht zurück. Die Nachbarn konnten sich nicht dazu durchringen, das den Woakes zu erzählen.
Es war ein gutes Jahr später, als Mrs Woake im Garten zwischen den Beeten Unkraut jätete, daß ihr ein Kater auf den Rücken sprang. Das Tier war abgemagert und müde, doch unter dem Schmutz, der es überzog, war ein graues Tigermuster zu sehen. Und als Amie die etwas gekrümmte Schwanzspitze sah, hatte sie die letzte Bestätigung: Sugar war nach Hause gekommen.
Es fällt nicht leicht zu glauben, daß ein Kater 2500

Kilometer zurücklegt, durch Gebirge und Wüste wohlgemerkt, um seine Familie aufzuspüren. Deshalb kam der Verhaltensforscher Dr. J.B. Rhine, der mehr als 500 verblüffende Tiergeschichten untersucht hat, selbst vor Ort und sicherte Sugars weite Reise wissenschaftlich ab.

Wußten Sie eigentlich ...

... daß man das außergewöhnliche Heimfindevermögen von Katzen in der Wissenschaft hauptsächlich mit zwei Theorien zu erklären versucht?
Einmal wird das gute Gehör der Katzen als Erklärung für ihr Orientierungsvermögen herangezogen: Sie soll heimatliche Geräusche als »Leitstrahl« für ihre Wegsuche benutzen. Eine andere Theorie besagt, daß die Katze unter Verwendung ihrer inneren Uhr die Sonne als Kompaß heranzieht.

Lasagne »Garfields Liebling«

200 g Whiskas »Katzenkinder mit Kalb«
½ Zwiebel
1 kleine Knoblauchzehe
1 Bund taufrische Petersilie
40 g gute Butter
200 g saftiges Tomatenmark
1 TL Oregano
etwas Olivenöl
30 g Butter
30 g Mehl
1/4 l Milch
200 g breite Lasagneblätter
100 g geriebener alter Parmesan
Salz, schwarzer Pfeffer

Dieses Rezept ist etwas aufwendiger, nichts für die schnelle Küche!
Zwiebel und Knoblauchzehe schälen und feinhacken. Die

Butter in einem kleinen Topf zerlassen. Das Kleingehackte zugeben, kurz anrösten. Whiskas untermischen und unter sanftem, kreisförmigem Rühren anbraten lassen. Tomatenmark beimischen. Petersilie feinhacken, dazugeben. Oregano und etwas Olivenöl unterrühren, mit Salz und Pfeffer abschmecken. Hitze herunterschalten, still weiterköcheln lassen. Das wird die Fleischsoße.
Unterdessen um die Béchamelsauce kümmern: Einen Topf nehmen, Butter darin zerlassen. Mehl unterrühren, bis die Masse schön sämig wird. Jetzt die Milch Schluck für Schluck dazugeben. Auf schwacher Hitze vor sich hinköcheln lassen. Vorsicht: Nicht anbrennen lassen!
In einem dritten, großen Topf gut 3 l Wasser zum Kochen bringen. Erst wenn das Sprudelgeräusch zu hören ist, etwas Salz einstreuen. Dann die Lasagneblätter sorgsam hineinlegen (es gibt allerdings auch Lasagne, die man nicht vorkochen muß). Nach Packungsanweisung garen, bis sie weich sind. Mit einem Pfannenwender aus dem Topf heben und auf einem feuchten Küchentuch auslegen. Wenn das alles gut gegangen ist, erst einmal durchatmen. Backofen auf 185 Grad vorheizen.
Eine feuerfeste Auflaufform gut ausfetten. Ein Teigblatt als Boden hineinlegen. Darauf eine Schicht Fleischsoße geben, direkt über die Fleischsoße ein wenig Béchamelsauce streichen. Darüber wieder Teig. So oft wiederholen, bis alles verarbeitet ist. Ganz oben muß eine Schicht Béchamelsauce sein. Parmesan aufstreuen, etwas Butter in kleinen Flöckchen liebevoll daraufsetzen. In den Ofen schieben, Backzeit 20 – 30 Minuten.
🍷 **Getränk:** Chianti.

Kein Bier für Trixie

Es läßt sich heute nicht mehr ermitteln, ob das schlechte Vorbild der anderen Kneipengäste der Grund war

oder einfach die Gelegenheit, die sie hatte. Fest steht nur: Trixie trank ganz gerne mal Bier. Sie hatte sogar eine ausgeprägte Vorliebe dafür. Und erst als sie anfing, weiße Mäuse zu sehen, ist der Arzt eingeschritten und hat ihr striktes Alkoholverbot erteilt. Obwohl sie vermutlich nichts gegen weiße Mäuse hatte. Denn Trixie war, man denkt es sich bereits, eine Katze.
Sechs Jahre lang wohnte Trixie als Kneipenkatze in der Eckkneipe »Cook Inn« bei dem Ehepaar Eileen und Gary Clobe in der walisischen Gemeinde Welshpool. Trixie war bei den Gästen immer gerne gesehen, denn ganz gleich zu welcher Tages- oder Nachtzeit – die Katze war immer zu einem Späßchen aufgelegt.
Das mag daran gelegen haben, daß Trixie schon bald nach ihrem Einzug bemerkt hatte: es gab bei Eileen und Gary wesentlich leckerere Getränke als das abgestandene Wässerchen in ihrem Napf! Zum Beispiel Bier.
Da kam es Trixie sehr gelegen, daß sie nicht betteln oder stehlen mußte, um an den Gerstensaft zu kommen. Nein, Trixie saß niemals auf dem Trockenen: die Clobes hatten eine kleine Wanne unter der Zapfsäule aufgestellt, damit das überfließende Bier nicht auf den Boden tropfte. Die war genau in der richtigen Höhe für durstige Katzen. Und Trixie hatte oft einen gewaltigen Durst! So wurde es immer seltener, daß die Wanne richtig voll lief.
Doch auf die Dauer blieb das nicht ohne Folgen. Trixie war keine sehr trinkfeste Katze und überschätzte sich zusehends. Manchmal, wenn sie betrunken war, pöbelte sie auf der Straße Nachbarhunde an, die viel größer waren als sie. Dann bezog sie regelmäßig Prügel. Die Leute fingen schon an, über sie zu tratschen.
Nach ihrer letzten Bierwanne war Trixie so betrunken, daß sie zwei Tage brauchte, bis sie wieder aus-

genüchtert war. Da endlich griffen die Wirtsleute Clobe ein und riefen den Tierarzt. Der legte die Katze trocken, und obwohl man in Welshpool noch manchmal Gerüchte über sie hört: Trixie ist bis heute nicht rückfällig geworden.

Chili »Krallenscharf«

250 g Felix »Leckerbissen in Soße mit Rind, Lamm und Gemüse«
1 kleine Zwiebel
1 rote und 1 grüne Paprikaschote
2 EL Olivenöl
1 getrocknete, schön feurig scharfe Chilischote
500 g grobe, fleischige Tomatensauce
1 TL Oregano
200 g Kidneybohnen
Salz, scharfer schwarzer Pfeffer (grob gemahlen aus der Mühle)
Tabasco

Zwiebel pellen, feinhacken. Paprikaschoten waschen, halbieren, Kerne und Trennhäute entfernen. Das Fruchtfleisch in Würfel schneiden. Einen großen Topf aufstellen, darin das Olivenöl erhitzen. Zwiebeln und Paprikawürfel dazugeben und anrösten. Felix untermischen und schön gleichmäßig anbraten. Das dauert ein paar Minuten, dabei Umrühren nicht vergessen!
Chilischoten mit einem scharfen Messer kleinmachen. Zusammen mit der Tomatenauce zu dem Futter in den Topf geben. Oregano darüberstreuen. Ein Weilchen kochen lassen, bis man das Gefühl hat, daß es richtig durch ist. Dann die Kidneybohnen dazugeben und noch mal ein paar Minuten weiterkochen. Mit Pfeffer, Salz und Tabasco abschmecken.
Beilage: Frisches Brot.
Getränk: Ein trockener Frascati.

Vollwaschgang für Barney

Die Sterne standen von Anfang an nicht gut. Es war an einem Freitag, dem dreizehnten. Der Tag hatte mit einem Unwetter begonnen, und es schien, als ob er zu Ende gehen würde, ohne daß die Sonne ein einziges Mal die Wolken durchbrochen hätte. An diesem Tag entdeckte Barney, der acht Monate alte Kater der Familie Marshall, wohnhaft in Gloucester, England, die größte und verlockendste Schlammpfütze, die er je gesehen hatte.

Barney nahm erst einmal ein ausgiebiges Bad. Triefend naß, schmutzverklebt und bestens gelaunt machte er sich anschließend auf den Heimweg, über die Terrasse direkt ins Wohnzimmer Richtung Körbchen. Da sah ihn Karen, die dreijährige Tochter der Marshalls. Bevor Mama auch dieses Mal wieder über Barneys Schmutzspuren laut schimpfen würde, beschloß Karen, den Kater schnell sauber zu machen. Und sie hatte auch eine prima Idee, wie und wo.

Nämlich in der Waschmaschine.

Auf welche Weise genau die kluge Karen Barney in die Trommel gelockt hat, ist mir nicht präsent. Aber als er drinsaß, machte Karen blitzschnell die Tür zu und drückte auf den Startknopf, ganz wie die Mama das auch immer tat. Und ganz wie bei Mama begann die Maschine ihre Arbeit mit dem Einweichen. Nur daß es diesmal Barney war, der eingeweicht wurde.

Karen mußte ein bißchen lachen. Barney nicht. Der wurde erst eingeweicht, dann geschleudert und schließlich gespült – eine ganze Viertelstunde lang. Karen rannte glucksend zu ihrer Mutter Cindy und rief vergnügt: »Barney ist in der Waschmaschine und geht dauernd im Kreis rum!«

Cindy ließ alles stehen und liegen und rannte in die Waschküche. Erschrocken, wie sie war, wollte sie

Barney befreien und drückte – in der Eile leider nicht die Stop-Taste. Sondern die für den Trockner. Jetzt wurde es Barney richtig schlecht. Doch bevor sie noch einmal den falschen Knopf drückte, zog Cindy geistesgegenwärtig den Hauptstecker, und endlich hatte die Höllenfahrt für den Kater ein Ende. »Er sah aus wie eine ertrunkene Ratte«, erzählte Cindy später, »aber er lebte«. Schaute zwar noch eine ganze Zeit beleidigt, nachdem sich das Achterbahngefühl wieder gelegt hatte, und ließ sich ausführlich mit einem weichen Frottier-Handtuch trockenrubbeln. Dann aber war der erste Schock überwunden, und auch zum Tierarzt ging Barney schon fast freiwillig mit. Auf dem Heimweg hielt Cindy bei der Metzgerei und kaufte Barneys Lieblingsspeise: frische Lunge. Die bekommt er nur ganz selten. Aber an diesem Tag hatte er sie sich verdient.

Wußten Sie eigentlich ...

... daß man Katzen generell nachsagt, sie hätten neun Leben? Dies scheint einleuchtend, weil Katzen so zäh sind, daß man glaubt, sie müßten so viele Leben haben. In Wahrheit stammt dieser Glaube aus einer Zeit, in der man der Zahl Neun als »Trinität der Trinitäten« eine ganz besondere Glücks-Aura zuschrieb.

Tom-und-Jerry-Burger

200 g Sheba »Menü mit Lamm«
1 trockenes Brötchen
2 Zwiebeln
1 Bund frische Petersilie
etwas Butter
1 Ei
2 weiche Hamburger-Buns
2 Scheiben zarter Cheddar Cheese
Ketchup, Mayonnaise

ein paar Blätter frischer grüner Kopfsalat
Salz, Pfeffer

Brötchen in warmes Wasser legen. Eine der beiden Zwiebeln pellen, feinhacken. Petersilie feinhacken. Sehr wenig Butter in die Pfanne geben, feingehackte Zwiebel und Petersilie darin dünsten, bis es so richtig lecker riecht.
Brötchen auswringen, mit dem Sheba verkneten. Das Ei darüberschlagen, mit Salz und Pfeffer würzen, gedünstete Zwiebeln und Petersilie dazugeben. Alles gut mit den Händen durchkneten.
Zwei flache Hamburger-Frikadellen formen. Mit etwas Fett in der Pfanne braten. Ab und zu wenden, so daß sie von beiden Seiten richtig knusprig braun werden. Das kann schon fast ein bißchen ins Schwarze gehen, dann ist es genau richtig.
Die Hälften der Hamburger-Buns nebeneinander legen. Jeweils die Unterseite mit Mayonnaise bestreichen. Ruhig großzügig sein. Darauf je eine der gebratenen Frikadellen legen. Dann den Käse. Weil die Frikadellen noch heiß sind, schmiegt sich der Käse sofort an sie an. Mit Ketchup bestreichen. Knackige Salatblätter darüberlegen, so daß sie an den Seiten appetitlich herausragen. Die zweite Zwiebel pellen, in Ringe schneiden, die Ringe locker obenauf legen. Mit dem Oberteil der Buns abdecken.
Beilage: Potato Fries oder Kartoffelchips.
Getränk: Eiskalte Cola.

Mein Schnurrmet-Tip
Mich kann man mit Gurkenscheiben in Burgern jagen. Ich finde, der penetrante Gurkengeschmack verdirbt alles.
Für mein Leben gern streiche ich aber dick Meerrettich von innen auf die Brötchenhälften. Ich finde die Dosierung bestens, wenn es mir beim ersten Biß so richtig die Tränen in die Augen treibt.

Der Aufstieg einer First Cat

An einem regnerischen Herbstabend im November 1990 streunte ein junger, noch namenloser Kater durch die amerikanische Stadt Little Rock. Er hatte seine kleine Schwesterkatze dabei, und sie waren beide schon einigermaßen erschöpft, als sie den Garten von Patsy Fletcher durchquerten.
Patsy hatte ein gutes Herz: sie sah die beiden Streuner und holte sie in ihr Haus. Sie selbst wollte sie nicht behalten, denn sie hatte eine Katzenallergie, aber sie beschloß: die beiden brauchen ein Zuhause.
Für die kleine schwarze Katzenlady fand sich schnell ein luxuriöses Heim: die Millionärin Candice Ross nahm sie bei sich auf, taufte sie »Midnight« und ließ sie seitdem nur noch von den sprichwörtlichen goldenen Tellerchen speisen.
Doch was sollte mit Midnights großem Bruder geschehen? Auch er hatte Glück: Patsys Nachbarin war Klavierlehrerin, und eine ihrer Schülerinnen, die gerade zehn Jahre alt geworden war, wünschte sich nichts sehnlicher als eine Katze. Also nahm sie den Streuner mit nach Hause. Das Mädchen hieß Chelsea, und ihr Vater Bill war erst nicht so begeistert, weil er auch eine Katzenallergie hatte, aber er war ja nicht so oft zu Hause, denn er war Gouverneur von Arkansas. Der Kater wurde, weil er so schöne weiße Pfötchen hatte, auf den Namen »Socks« getauft.
Später zog die ganze Familie in ein schönes, großes, weißes Haus nach Washington. Dort begann für Socks eine schwere Zeit: ständig wurde er verfolgt von Fotografen, die Bilder von ihm schießen wollten. Socks auf dem Baum, Socks beim Fressen, Socks liegt in der Sonne – nicht einmal zu dem kleinen Pizzarestaurant um die Ecke konnte er unbeobachtet spa-

zieren. Und von all den Fotos hat er selbst natürlich keine einzige Tantieme gesehen.
Heute hat Socks viel zu tun: täglich muß er über 200 Fanbriefe beantworten und Autogrammkarten mit seinem Pfotenabdruck verschicken. Das macht er auch gerne – schließlich ist er die First Cat von Amerika, der Hauskater des Präsidenten der Vereinigten Staaten. Wenn Sie mir nicht glauben, dann schreiben Sie ihm doch selbst und fragen ihn! Die Adresse lautet:
Mr Socks Clinton
The White House
1600 Pennsylvania Avenue NW
Washington DC 10500
USA
Er wird Ihnen antworten, so schnell er kann.

Flambeé »Leuchtendes Katzenauge«

200 g Kitekat »Leckere Stückchen mit Muskelfleisch und Erbsen«
1 Zwiebel
1 Knoblauchzehe
1 rote und 1 gelbe Paprikaschote
2 – 3 kleine Gewürzgurken
etwas Butter
$^1/_8$ l saure Sahne
1 EL grüne Pfefferkörner
Salz
4 EL Pernod

Zwiebel und Knoblauchzehe pellen, feinhacken. Paprikaschoten waschen, entkernen, in kleine Würfel schneiden. Gewürzgurken kleinschneiden.
Butter in der Flambierpfanne zerlassen, das Kleingehackte darin anrösten. Kitekat-Brocken in einem Sieb abspülen, damit der deftige Geruch der Soße weggeht. Dann das Fleisch dazugeben, einige Minuten anbraten – wer sich die

Mühe machen will, kann zuvor die Erbsen rausklauben und sie später zur Sahne geben. Saure Sahne unterheben. Pfefferkörner beimischen, mit Salz abschmecken.
Mit dem angewärmten Pernod am Tisch vor den Augen der Gäste begießen, anzünden, ausbrennen lassen.
Beilage: Pellkartoffeln.
Getränk: Lambrusco secco.

Humphreys politische Karriere

Wie sein Katzenkollege Socks kann auch Humphrey auf eine erfüllte politische Karriere zurückblicken. Er ist gewissermaßen das königlich britische Pendant zur First Cat der USA: wohnt Socks im Weißen Haus, Washington, so wohnte bis vor einiger Zeit Humphrey in Downing Street No. 10, London, England.
Auch sein Lebenslauf ist dem von Socks gar nicht unähnlich: ihn fanden im Jahre 1989 Bedienstete des Cabinet Office, als er herrenlos und abgerissen wie eine Figur aus den Erzählungen Charles Dickens' durch London irrte. Sie nahmen ihn bei sich auf – in das Haus, das traditionell vom Prime Minister des Königreichs bewohnt wird.
Und ebenso wie bei seinem amerikanischen Kollegen ging es auch für Humphrey von diesem Augenblick an steil bergauf. Er wurde bekannt und beliebt, und während ihn die Öffentlichkeit ›The Downing Street Cat‹ nennt, lautet sein offizieller Titel ›Chief Mouser to the Cabinet Office‹ – Chefmäusefänger im Büro des Kabinetts, unterwegs im Auftrag ihrer Majestät und der Nation von England. Bei den Kabinettstreffen jedoch enthielt er sich meist jeder politischen Stellungnahme und döste lieber auf dem Teppich unter dem Tisch.

1995 machte der Politkater von sich reden, weil er für drei Monate nicht nur aus der Öffentlichkeit, sondern auch aus Downing Street 10 verschwunden war. Bald hielt ihn die Nation für tot. Doch Humphrey kehrte zurück: er war nur zwischenzeitlich ins Royal Army Medical College verzogen.

Im Mai hätte er es sich beinah mit Queen Elizabeth II ernsthaft verscherzt: hatte er doch eines ihrer Entchen verputzt, das im St. James Park umhergewatschelt war, wo Humphrey regelmäßig zu promenieren pflegte. Was die Königin nicht wissen konnte: so unschuldig, wie es ausgesehen hatte, war das Entchen natürlich gar nicht gewesen. Humphrey hatte genau gehört, wie es gequakt hatte, die Queen sei eine schrumpelige alte Wachtel. Und selbstverständlich war der Fall der vier jungen Rotkehlchen aus dem Garten von No. 10 ganz ähnlich gelagert: woher hätte ein Mensch wissen sollen, daß diese vier Galgenvögel einen hinterhältigen Anschlag auf die frisch gewaschene und polierte Limousine von Margaret Thatcher geplant hatten? Den Humphrey zum Glück im letzten Moment verhindern konnte? Humphrey war wegen der Schelte, die er bekam, zu Recht beleidigt.

Schließlich entkam der königstreue Kater selbst nur knapp dem Tode, als der Chauffeur Bill Clintons ihn mit seinem gepanzerten Cadillac beinahe überrollt hätte.

Doch im Gegensatz zu James Bond wird Humphrey nicht jünger. Er ist mittlerweile elf, und seine Nieren spielen nicht mehr so recht mit. Seit Jahren plagen ihn Appetitlosigkeit und eine tiefe Melancholie. So kam es, daß Humphrey, The Downing Street Cat, die Margaret Thatcher und sogar den Langweiler John Major im Cabinet Office überdauert hatte, kurz nach dem Einzug Tony Blairs am 11. November 1997

durch seinen Pressesprecher bekanntgeben ließ, er ziehe sich aus der Politik zurück, aus gesundheitlichen Gründen, wie es hieß, denn sein Arzt habe ihm empfohlen, dem hektischen Office den Rücken zu kehren. Seinen Lebensabend werde er in einem ruhigen Londoner Vorort verbringen, bei einem Bediensteten des Cabinet Office – eben dem, der von Anfang an für ihn gesorgt hatte.
Doch schon kurz nach Bekanntwerden seines Rückzuges gab es Gerüchte, Humphreys Abschied von Downing Street No. 10 habe mehr mit der Katzenallergie von Blairs Ehefrau Cherie zu tun als mit Humphreys Gesundheit – eine Verleumdung, die von den Blairs heftig dementiert wurde. Denn wer Englands beliebtesten Kater vor die Tür setzt, der bekommt es mit den Wählern zu tun.
Vielleicht bleibt Humphrey ja jetzt etwas mehr Zeit, sich auf seine Korrespondenz zu stürzen. Er hat nämlich kürzlich eine Brieffreundschaft in Übersee begonnen, und jetzt raten Sie mal, mit wem ...

Asiatischer Siam-Wok

200 g AS Premium »Geflügel und Mais«
300 g frische Champignons
1 gelbe und 1 rote Paprikaschote
1 Bund kleine grüne Frühlingszwiebeln
½ Bund Petersilie, feingehackt
3 –5 Knoblauchzehen nach Geschmack
etwas Fett
Salz, Pfeffer aus der Mühle
2 EL gutes Curry-Pulver
1 EL getrockneter Koreander
1 TL trockener Sherry

Die Pilze gründlich putzen und in feine Blättchen schneiden. Die Paprikaschoten waschen, halbieren, Kerne und

Trennhäute entfernen, das Fruchtfleisch in zentimeterbreite Streifen schneiden. Die Frühlingszwiebeln waschen, in 3 cm lange Stücke teilen. Petersilie waschen, trocknen. Knoblauch pellen, mit Salz durch die Presse drücken. Pilze, Paprika, Zwiebeln und Knoblauch in den Wok geben und mit etwas Fett bei starker Hitze unter Rühren schnell andünsten.
AS Premium mit einem kleinen Löffel nach und nach aus der Dose nehmen und unterheben. Unter vorsichtigem Umrühren anbraten lassen. Salzen und pfeffern. Großzügig Curry-Pulver und Koreander beimischen. Mit Sherry abschmecken.
Beilage: Langkornreis oder auch Glasnudeln.
Getränk: Prosecco.

Mein Schnurrmet-Tip

Statt des Sherry verwende ich auch gerne Kokosmilch. Das gibt dem Ganzen einen herrlich exotischen Geschmack. Die Kokosmilch muß natürlich aus einer frisch aufgebohrten reif-braunen Kokosnuß stammen.

Snoopy, der Postschreck

Katzen sind Raubtiere. Wenn sich etwas Kleines, Flinkes, Vierbeiniges getraut, vor ihren Nasen hin und her zu springen, wird in ihnen ein Instinkt wach, der befiehlt: jage es! Fang es! Und dann beiß es tot! Daß dieser Instinkt manchmal auch auf große, langsame, zweibeinige Briefträger reagiert, ist allerdings den meisten Menschen unbekannt.
Nicht ganz unbekannt ist diese Tatsache dem Postboten Daniel Sunfield. Sein Pech war es, im Zustellbezirk High Wycombe, Buckinghamshire, England eingeteilt zu sein, wo Martha Persh mit ihrem Kater Snoopy wohnte.

Snoopy war eigentlich nicht mehr der jüngste. Seit Martha vor drei Jahren Witwe geworden war und die Liebe zu ihrem verblichenen John in Fürsorge gegen Snoopy übergegangen war, hatte er ein bißchen Speck angesetzt. Hochmütig und sogar ein wenig eingebildet war er vorher schon gewesen, aber im großen und ganzen trotzdem eine gute Seele.
Sein zunehmender Körperumfang brachte mit der Zeit entscheidende Nachteile für Snoopy mit sich. Speziell die rote Katzenklappe, die John für ihn in die Haustüre eingebaut hatte, war von Anfang an ohne großen Spielraum bemessen. Nun wurde sie langsam wirklich zu eng – völlig unpassierbar wurde sie, wenn Daniel Sunfield morgens die Post brachte. Die fiel nämlich nicht in einen Briefkasten, sondern durch einen Schlitz in der Türe einfach auf den Boden. Direkt vor Snoopys Katzenklappe. Die damit endgültig blockiert war.
Wer weiß: wenn Daniel nicht weggelaufen wäre, wenn er nicht so schreckhaft gewesen wäre, wenn er Snoopy gegenüber ein etwas autoritäreres Verhalten an den Tag gelegt hätte – vielleicht hätte Snoopy sich den Spaß verkniffen, ihm immer regelmäßiger aufzulauern und ihn anzuspringen. Aber Daniel war schreckhaft, und er lief weg. Deshalb suchte sich Snoopy jeden Morgen ein anderes Versteck, mal auf dem Baum neben dem Gartentor, mal hinter der Hecke bei der Regentonne, und wartete geduldig, bis sein Briefträger kam und versuchte, ihm die Katzenklappe zu versperren. Dann wetzte er los und sprang Daniel auf die Schulter oder, wenn das nicht gelang, gab ihm eins mit der Tatze. Daniels Schreckensschreie konnte man bisweilen in der ganzen Nachbarschaft hören, und an besonders guten Tagen jagte Snoopy ihn quer durch den Garten.
Ewig ließ Daniel sich das natürlich nicht gefallen. Ei-

nes Tages bekam Martha ihre Post nicht mehr von Daniel, sondern von ihrer Nachbarin Thelma, und es war auch nur ein einziger Brief: einen schönen Gruß vom National Post Office, sie bekäme bis auf weiteres keine Post mehr zugestellt, es sei denn, es gelänge ihr, Snoopy unter Kontrolle zu halten.

Mrs. Persh mußte handeln. Sie versprach, Snoopy ins Gewissen zu reden und, für den Fall, daß das nichts helfen sollte (und es half nichts), ihn während der Postzeit im Haus einzusperren. Von da an bekam sie ihre Post wieder. Von Daniel, der versöhnt war, nachdem Martha ihm eine schöne Bonboniere geschenkt hatte – mit Katzenzungen drin.

Wußten Sie eigentlich ...

... daß Katzen sich gar nicht so selten mit Briefträgern anlegen? 1982 bekam Spyke, eine Katze aus Bury, eine ähnliche Warnung vom Post Office ...

Schlemmerpfanne »Mischling«

200 g Coshida »Feine Stückchen Wild«
2 große gekochte Kartoffeln
1 Zwiebel
2 Knoblauchzehen
1 rote Paprikaschote
1 EL grüne Pfefferkörner
je 1 EL Mayonnaise und Meerrettich
1 Ei
etwas Butter
Salz, Cayennepfeffer

Kartoffeln pellen und in Stücke schneiden. Mit etwas Fett in der Pfanne zu leckeren Bratkartoffeln werden lassen. Derweil Zwiebel und Knoblauchzehe pellen und in feine Stücke hacken. Paprikaschote waschen, halbieren, entker-

nen, in schmale Streifen schneiden. Alles zu den Bratkartoffeln in die Pfanne geben und gut umrühren. Kurz rösten. Dann das Coshida dazugeben und unter Rühren anbraten lassen. Grünen Pfeffer aufstreuen. Das Ei darüberschlagen und so lange mit einem Holzlöffel kreisförmig rühren, bis alles gar ist. Dann großzügig Mayonnaise und Meerrettich einrühren. Mit Salz und Cayennepfeffer abschmecken.

Beilage: Rösti.

Getränk: Ein Riesling Soave.

Rache im Regen

Der eine oder andere mag mich für schadenfroh halten. Ich bin es auch – ein kleines bißchen. Das ist der Grund, warum ich die folgende Geschichte ab und an ganz gerne erzähle.

Hauptdarsteller darin ist der Freund meiner Nachbarin Tina, von ihr liebevoll »der Uhu« genannt. Warum sie ihn so nennt, kann ich nicht sagen; vielleicht, weil er so an ihr klebt.

Der Uhu ist ein herziges Früchtchen. So einer, der bei zweistelligen Minustemperaturen lieber Nackenstarre und Eiszapfen an der Nase bekommt als das Verdeck seines Porsche-Cabrios zu schließen. Einer, der selbst um Mitternacht in der Tiefgarage seine empfindlichen Augen mit Sonnenbrillen schützen muß, deren Gegenwert ungefähr dem Jahres-Bruttosozialprodukt sagen wir Bielefelds entspricht. Um es kurz zu machen: so einer, der an jeder roten Ampel in sein kleines schwarzes Mobiltelefon »Kaufen! — Kaufen! — Verkaufen!« hineinschreit. Ich glaube, Tina mag an ihm am liebsten seine reichen Eltern.

Tina teilt sich ihre Wohnung mit ihrer Katze Tiffy. Tiffy ist ein gepflegtes Katzenfräulein, das einigen

Wert auf sein Äußeres legt und hin und wieder sogar mit Schleifchen an den Ohren zu sehen ist. Mit rosa Schleifchen, versteht sich.
Eines Wochenends im Januar war Tina zu einer Familiefeier in die Eifel eingeladen worden. Anlaß war das fünfzigjährige Ehejubiläum ihres Onkels Edmund und ihrer Tante Olga, über die Tina mir schon einige wunderbare Geschichten erzählt hat. Auf so ein Fest hatte der Uhu natürlich nicht die geringste Lust – was Tina nicht störte, so konnte er sich wenigstens nützliche machen und auf die Wohnung aufpassen. Und auf Tiffy.
In dieser Nacht wurde die Stadt von einem ziemlichen Unwetter heimgesucht, das die Bäume recht durcheinanderschüttelte und auf den Straßen kleine reißende Bäche entstehen ließ. Da wollte selbst der Uhu nicht vor die Tür, sondern hielt lieber per Telefon Kontakt zur Welt.
Es muß während eines wichtigen Telefonates von Uhu mit Boris Jelzin oder Bill Gates gewesen sein, daß plötzlich Tiffy, die sich bis dahin still verhalten hatte, ganz erbärmlich zu schreien und zu quietschen anfing. Katzen können für sensible Menschen recht unerträgliche Töne von sich geben, und Tiffy krümmte sich zusätzlich in Krämpfen auf dem Boden. Der Uhu konnte gar nicht mehr verstehen, was sein Gesprächspartner für wichtige Dinge sagte. Also griff er nach Tiffy, um sie zur Raison zu bringen. Als er sie schließlich geschnappt hatte, passierte Tiffy ein kleines Malheur: sie mußte erst furchtbar würgen und erbrach anschließend eine beträchtliche Menge grünlichgelben Schleim. Direkt auf des Uhus schönes italienisches Jackett.
Der Uhu wurde wütend. Dann tat er das für ihn nächstliegende: er telefonierte. Den Hörer hatte er ja noch in der Hand. Zuerst mit Tina, und als die ihm sagte, er solle schleunigst zum Tierarzt mit Tiffy, rief

er den gleich auch noch an. Ob er gleich vorbeikommen könne. Konnte er.
Sekunden später fand sich Tiffy, provisorisch und lieblos angegurtet, auf dem Beifahrersitz von Uhus teurem Spielzeug wieder. Wie die Feuerwehr sauste der Uhu durch die verregnete Stadt. Damit er nicht auch noch den Sitzbezug in die Reinigung geben mußte.
Vor der Praxis sprang er aus dem Auto und klingelte beim Doktor, damit der die arme Tiffy selbst in die Praxis bringen konnte: den Motor ließ er laufen. Doch als er sich zum Wagen umwandte, erlebte er eine Überraschung: nicht nur, daß Tiffy sich mittlerweile von ihren Fesseln befreit hatte. Sie war außerdem auch noch -etwas benommen zwar- durch das Wageninnere getaumelt und war irgendwie mit einer Pfote auf den kleinen schwarzen Knopf für die Zentralverriegelung gekommen – das teure Auto war zu. Und aufmachen konnte Tiffy es nicht mehr.
Der Rest der Geschichte ist schnell erzählt: der Uhu hat, weiß vor Wut, mit seinem kleinen Taschenmesser einen häßlichen Schlitz in das schöne Verdeck seines herrlichen Porsches gemacht. Anschließend kam er natürlich problemlos ins Innere. Aber der Regen, der immer noch in Strömen floß, auch.
Es hat ein ganzes Weilchen gedauert, bis der Uhu wieder in seinem Flitzer durch unsere Straße geheult ist.

Chicken-Nug-Cats

250 g Kitekat »Leckere Stückchen in Soße mit Huhn«
1 Ei
75 g Mehl
75 g Paniermehl
etwas Fett
Dip-Saucen nach Geschmack

Ei mit etwas Wasser verquirlen. Die größten Brocken aus dem Kitekat herauspicken und in einem Sieb waschen und abtropfen lassen – da geht die Soße mit dem deftigen Geruch weg. Vorsicht, die Brocken sind ein wenig zerbrechlich! Sanft behandeln! Dann in Mehl wenden und in das Ei tauchen, anschließend im Paniermehl wenden. In der Pfanne mit ein wenig Fett von beiden Seiten knusprig braten. Mit Dip-Saucen servieren.
Diese Nug-Cats sind natürlich ein wenig kleiner und zierlicher als die, die Sie aus dem Schnellrestaurant gewohnt sind. Sie werden daher schon ein paar mehr als die üblichen Sechser- oder Neuner-Portionen machen müssen!

Beilage: Pommes frites.
Getränk: Cola mit Eis.

Mein Schnurrmet-Tip

für mein Lieblings-Dip:
Etwas saure Sahne mit Mayonnaise, Meerrettich und einer Prise Herbs de Provence vermischen. Frischen Schnittlauch kleinhacken und locker einstreuen. Mit Salz abschmecken. Ein winziger Schuß Kirschwasser gibt dem Ganzen eine noch nie dagewesene Note!

Tigers Notruf

Es war eine Nacht wie jede andere in der Notrufzentrale des Zweiten Polizeireviers Lübeck. Alle paar Minuten ging ein Notruf ein, in den meisten Fällen handelte es sich jedoch um Bagatellen: ein aufgebrochenes Auto, Jugendliche, die gegen öffentliche Fernsprecher traten, um an die Groschen darin zu kommen, Bürger, die sich über den Partylärm ihrer Nachbarn beschwerten.

Kurz vor halb fünf jedoch kam ein außergewöhnlicher Anruf: am anderen Ende meldete sich diesmal kein Lübecker, um kriminelles Treiben zur Anzeige zu bringen, statt dessen pfiff den Beamten ein Faxgerät seine elektronischen Disharmonien in die Ohren. Die Wachtmeister dachten sich nichts dabei (wer hat sich noch nicht verwählt?) und legten einfach wieder auf.

Doch das Fax war hartnäckig. Alle zehn Minuten, mal etwas früher, mal etwas später, war es wieder am Apparat und brachte seine nervtötende Melodie zu Gehör. Schnell machte sich bei den Beamten eine gewisse Anspannung bemerkbar, einige dachten sogar über die Möglichkeit nach, daß jemand Hilfe brauchte, der sich nicht anders als so verständlich machen konnte. Schließlich überwog der Ärger über das nicht enden wollende Gefiepe.

Die Polizei hat technische Mittel, die anderen nicht offenstehen. Fangschaltungen zum Beispiel. Kaum in Betrieb genommen, spuckte der Dienstcomputer auch schon Namen und Anschrift des Übeltäters aus: Birgit Hoheck hieß die Inhaberin des fraglichen Telefonanschlusses. Schnell war eine Streife angewiesen, die Frau Hoheck einmal eindringlich zu befragen, wie genau man ihr denn helfen könne.

Birgit freilich war erst etwas verschlafen und dann

völlig perplex: hatte sie doch die Polizei gar nicht angerufen. Aber weil das jeder sagen kann und die Herren nun schon mal da waren, baten sie sich aus, das Faxgerät einmal selbst unter die Lupe nehmen zu dürfen. Schließlich stelle der Mißbrauch der Notrufnummer eine strafbare Handlung dar.
Der Übeltäter wurde ohne großen Aufwand gestellt und noch am Tatort überführt: Tiger, Birgits treuer Kater, räkelte sich genüßlich und etwas behäbig auf der Faxmaschine. Er lag da ganz gerne, und das war verständlich: Birgits Arbeitszimmer war kalt, aber das Faxgerät blies Tiger die ganze Nacht warme Abluft ins Fell. Leider war die Bedienungsfläche nicht ganz so bequem, wie Tiger es sich gewünscht hätte. Also wälzte er sich mal auf die eine, mal auf die andere Seite und versuchte, eine möglichst angenehme Schlafposition zu finden. Daß es dabei ab und zu piepte, wenn er eine der zahlreichen Tasten berührte, war ihm wohl aufgefallen, aber er hatte sich nichts Böses dabei gedacht – und so, das ergab das Sendeprotokoll, per Wahlwiederholung insgesamt zwölfmal den Notruf angewählt. Im Verlauf der Nacht hatte der Gute auch noch dreimal die Bedienungsanleitung ausgedruckt und überhaupt ein paar Standardeinstellungen überarbeitet.
Tiger hatte Glück: Die Gesetzeshüter verzichteten dieses Mal auf eine Festnahme. Nur eine Verwarnung sprachen sie aus, die aber mit ernstem Gesicht. Auf seinen schönen Schlafplatz mußte Tiger nun verzichten. Und von Birgit bekam er zwei Tage lang Trockenfutter statt Häppchen. Bis seine Telefonrechnung bezahlt war, sagte sie.

Wußten Sie eigentlich ...

... daß die Katze Tipper aus Florida sich auf diese Weise selbst das Leben rettete?
Als sie an ihrem Flohhalsband zu ersticken drohte, warf sie das Telefon um und drückte die Speichertaste mit der Notrufnummer – die Polizei kam und fand sie.

Gefülltes Katzenkörbchen

250 g Sheba »Menü mit Ente und Gans«
1 altes Brötchen
2 große Paprikaschoten, Farbe nach persönlicher Vorliebe
1 Zwiebel
1 Knoblauchzehe
1 Bund frische Petersilie
etwas Öl
1 Ei
eine Idee Paprikapulver
frischer geraspelter Käse
1 TL getrockneter Oregano
Salz, Pfeffer

Backofen auf 180 Grad vorheizen. Brötchen in warmes Wasser legen.
Paprikaschoten waschen, am Stielansatz einen kleinen Kreis als Deckel sauber herausschneiden und vorsichtig abnehmen. Deckel nicht wegwerfen! Kerne und Fruchtfleisch mit einem kleinen Löffel ausschaben.
Wie immer: Zwiebel und Knoblauchzehe pellen, zusammen mit der Petersilie feinhacken. In der Pfanne mit ein wenig heißem Öl anbraten, bis die Zwiebeln richtig glasig sind. Brötchen ausdrücken. Alles mit dem Sheba und dem Ei vermischen. Gut durchkneten, mit Paprikapulver würzen. Mit Salz und Pfeffer abschmecken.
Die Masse in die ausgehöhlten Paprikaschoten füllen. Mit

dem geraspelten Käse bestreuen, dann die Deckel wieder oben draufsetzen. In eine Auflaufform oder auf ein Backblech (da fällt es aber leicht um) stellen. 45 Minuten im Ofen garen. Anschließend locker Oregano aufstreuen.
Beilage: Weißer Reis.
Getränk: Pinot bianco.

Mein Schnurrmet-Tip
Normalerweise werden gefüllte Paprika mit Tomatensoße serviert. Mir schmeckt das nicht. Ich bevorzuge eine feurige Pfeffersoße aus Rotwein, zerlassener Butter, Thymian und zerstoßenen Pfefferkörnern.

Minni, die Klau-Katze

Im Dezember 1996 geriet Minnie, eine achtjährige Katze aus Turnbridge Wells in England, zu trauriger Berühmtheit: Vom Daily Telegraph wurde sie zum »Cat Burglar of 1996« gekürt – Englands Katzeneinbrecher Nummer eins! Sie hatte sich darauf spezialisiert, durch Katzenklappen in die Häuser der Nachbarschaft einzubrechen – und mitgehen zu lassen, was auch immer ihr gefiel.
So stolz waren Marvin und Christine Cannes, ihre Besitzer, daß Minnie schon wenig später mitsamt ihrer Beute für die Presse posierte: Da lagen um sie herum drei Teddybären, drei Plüschhasen, ein Polo-Shirt, zwei Sofakissen, drei Staubwedel, ein Pelzhut, ein paar Baseballmützen, Socken und eine ganze Reihe anderer Spielsachen. Einmal soll sie sogar versucht haben, einen Stoffbären zu stehlen, der größer war als sie selbst: Sie mußte ihn im Nachbarsgarten zurücklassen, weil sie ihn nicht über die Mauer bugsieren konnte.

Man hat die Sache so gelöst: Die Cannes veranstalten alle paar Monate ein Treffen mit den Nachbarn, bei dem jeder aus dem Diebesgut seine Sachen zurückbekommt – und Minnie ist in Behandlung: bei einem Katzenpsychologen.

Wußten Sie eigentlich …

… daß der Kater Maurice aus Neuseeland ebenfalls auf nächtliche Raubzüge ging, dabei aber eine ebenso ausschließliche wie ausdauernde Vorliebe für Damenunterwäsche an den Tag legte?

Milk-Shake »Kalte Zunge«

1 Päckchen Whiskas »MilkPlus«
200 ml süße Sahne
50 ml Pfirsichsaft
2 Kugeln Vanilleeis
½ Banane
Zucker
eine Prise Zimt

Whiskas »MilkPlus«, 10 ml süße Sahne, Pfirsichsaft, Vanilleeis und die Banane in einen Mixbecher geben. Mit einem Stabmixer alles zerkleinern. Nach Geschmack Zucker hinzufügen. Solange rühren, bis es »shakig«-cremig wird.
Die restliche Sahne schlagen, bis sie fest ist. Milch in Gläser gießen, Sahnehaube aufsetzen, mit Zimt bestäuben. Strohhalm!
Dazu: Feine Schoko-Katzenzungen.

Mein Schnurrmet-Tip
Einen Schuß Amaretto in die Milch!

Basils cleveres Doppelleben

Wäre Basil ein Mensch, er wäre mit Sicherheit Schauspieler geworden. Mimisches Talent hatte er jedenfalls in Hülle und Fülle, wie Eric Chase, Bankangestellter in der nordenglischen Stadt Bolton, eines schönen Tages feststellen mußte.

Basil kam aus dem Tierheim. Er war nicht gerade eine Schönheit – ein Auge fehlte ihm nach einer Rauferei unter Vorstadtkatzen. Doch Susan, die achtjährige Tochter des Chases, hatte darauf bestanden, sich gerade Basil auszusuchen. Oder besser: Basil hatte sich Susan ausgesucht: als sie in den Katzenzwinger kam, war er schnurstracks auf sie zugelaufen und hatte sie mit seinem sprühenden Charme sofort erobert.

Bei den Chases fehlte es Basil an nichts. Susan war eine liebevolle Katzenmutter, und Basil konnte kommen und gehen, wie er gerade wollte. Schon bald machte er immer weitere Erkundungsgänge durch Straßen und Felder.

Zwei Straßen weiter wohnten die Berds. Sie unterschieden sich von den Chases nur in marginalen Punkten, doch miteinander bekannt waren die Familien nicht. Den beiden fünf und sieben Jahre alten Söhnen der Berds begegnete eines frühen Nachmittages in ihrem Garten eine Katze, die scheinbar kein Zuhause hatte: ganz zutraulich war sie, sie miaute leise (wohl vor Hunger!) und hatte nur ein Auge! Die Jungen machten sich sofort daran, der Katze, die sie Biscuit nannten, ein bißchen Wurst und Käse aus dem Kühlschrank zu geben. Was Biscuit ohne zu zögern wegfraß. Dann ließ sie sich noch eine Weile hinter den Ohren kraulen und trollte sich anschließend – um am nächsten Tag pünktlich zur gleichen Zeit wieder aufzutauchen.

Fred und Margaret Zimmerman waren ein Ehepaar, das seit fast fünfzig Jahren glücklich miteinander verheiratet war. Beide waren im Ruhestand und lebten einige Blocks weiter in einem Häuschen, das dem der Berds und dem der Chases zum Verwechseln ähnlich sah. Ihre Abende pflegten sie, wenn die Witterung es zuließ, auf der Terrasse zu verbringen, indem sie Zeitung lasen oder ein Puzzle zusammensetzten. Eines Abends ... – richtig. Auch bei ihnen machte sich eine Katze vorstellig, die offenbar kurz vor dem Hungertod stand und dementsprechend kläglich maunzte. Die Fischreste vom Mittagessen schmeckten Tom prima, obwohl er sie mit seinem einen Auge kaum noch recht erkennen konnte. Er rieb sich zum Dank einige Male an den Beinen der Rentner und ging seiner Wege.

Diese Runde machte Basil, denn selbstverständlich war es kein anderer als er, jeden Tag. Sowohl die Berds als auch die Zimmermans gingen bald dazu über, richtiges Katzenfutter zu kaufen, und Basil wars recht. Er ließ es sich überall schmecken und verschwand wieder.

Freilich fiel den Chases und den Berds mit der Zeit auf, daß Basil alias Biscuit Speck ansetzte (die Zimmermans waren beide ein wenig kurzsichtig). »Er wurde sogar so fett, daß wir uns beide unabhängig voneinander fragten, ob jemand anderes ihn fütterte«, erklärten beide Familien im Nachhinein der Daily Mail. Zwei Jahre später, im Spätsommer, geschah ein Unglück. Basil verschätzte sich im Straßenverkehr, vermutlich wegen des fehlenden Auges, und geriet unter ein Auto. Seine Verletzungen waren so schwer, daß er viele Wochen das Körbchen hüten mußte. Die Zimmermans waren über sein Ausbleiben sehr traurig, und die Berds machten sich solche Sorgen, daß sie Biscuit sogar beim Tierschutzverein als vermißt

meldeten. Um so größer war die Freude, als Biscuit nach fast zwei Monaten wieder bei ihnen auftauchte. Damit sie nicht noch einmal verloren ginge, schenkten sie ihr ein Halsband, daran war ein schönes Bronzeschild mit dem Namen »Biscuit« und der Telefonnummer der Berds.
Die Chases wunderten sich nicht schlecht (die Zimmermans waren wie gesagt etwas kurzsichtig). Sie riefen die Berds an, und so wurde nach beinahe 24 Monaten das Doppelspiel des schlauen Katers entlarvt. Daß auch die Zimmermans an Basils Mästung beteiligt waren, kam erst ans Tageslicht, als Basil dort regelmäßig mit einer neuen, großen Plakette, die nun selbst den Zimmermans auffiel, auftauchte. Sie stammte von den Chases und verriet seinen wahren Namen. »Hätte sich noch jemand gemeldet, der auf Basils Hungersnot hereingefallen ist«, behauptet Eric Chase, »er hätte für seine schauspielerische Leistung bestimmt einen Oscar bekommen.«

Kater-Curry

250 g Whiskas »Fleischtöpfchen mit zartem Lamm«
2 Knoblauchzehen
100 g Champignons aus der Dose
1 Orange
2 Scheiben Ananas aus der Dose
40 g Cashewnüsse
Paprikapulver
50 g Butter
10 g Mehl
1 EL Currypulver
4 EL Creme fraiche
1 Tässchen Milch
Salz, Cayennepfeffer

Knoblauchzehen schälen, in kleine Würfel schneiden. Champignons gründlich putzen, nicht waschen und in Hälften schneiden. Beides mit etwas Fett in der Pfanne anrösten. Orange schälen, in zentimeterbreite Würfel schneiden. Ananas in ebenso große Teile zerkleinern. Orange, Ananas und Cashewnüsse zu dem Sud in die Pfanne geben. Gut vermischen. Whiskas hinzufügen, alles anbraten lassen. Mit Paprikapulver, Salz und Pfeffer abschmecken.
Für die Soße in einem kleinen Topf die Butter zerlassen. Mehl dazugeben und anschwitzen. Mit ein wenig Milch aufkochen lassen. Aufpassen, daß nichts anbrennt. Currypulver hinzufügen, umrühren, noch einmal hochkochen lassen. Creme fraiche unterrühren. Mit Salz und Cayennepfeffer abschmecken.
Fleisch auf einen Teller geben, die Soße darübergießen.
Beilage: Hausgemachte Spätzle.
Getränk: Valpolicella.

Nelson auf Seereise

Die englischen Kater sind außergewöhnliche Tiere: Sie sind offenbar erheblich umtriebiger als ihre Artgenossen in anderen Ländern. Auch Nelson ist ein typischer englischer Schlingel.
Nelson stammt ursprünglich von der Orkneyinsel Westray nordwestlich von Schottland. Auf Wegen, die heute nicht mehr ergründbar sind, gelangte er zu seinem Herrchen Ian McDay nach Schottland.
Eines Tages blieb Nelsons Futternapf voll. Sein Herrchen wartete und wartete, aber kein Kater tauchte auf – Nelson blieb verschwunden. Ian, der sich große Sorgen machte, ließ nichts unversucht, um seinen Liebling wiederzufinden. Aber weder Steckbriefe, die er in der Stadt anbrachte, noch unermüdliche Nachforschungen in der Nachbarschaft

brachten ihn auch nur ein Stückchen weiter auf seiner Suche.
Nach drei Tagen bangen Wartens klingelte endlich das Telefon. Der erlösende Anruf: Nelson war gefunden! Zum Glück trug er noch sein kleines Halsband, auf dem Ian seine Telefonnummer notiert hatte, so daß der ehrliche Finder sich gleich mit ihm ins Benehmen setzen konnte. Ian war freilich verblüfft, als er erfuhr, wo Nelson gelandet war: In seiner Heimatstadt auf der Insel Westray! Der Finder, ein Hafenmitarbeiter, gab zu Protokoll, Nelson sei munter von der Fähre spaziert, die 50 km von Schottland bis zur Insel Westray zurückgelegt hatte.
Im Nachhinein ließ sich aufklären, wie es dazu kam, daß Nelson seinem Geburtsort einen kleinen Besuch abstattete: der Kater hatte sich in einem LKW versteckt, der in Schottland beladen wurde und dann auf die Fähre nach Westray fuhr. Dem Lastwagen, der von der Insel stammte, haftete offenbar für Nelson ein vertrauter Heimatgeruch an, deshalb hatte er ihn sich als Schlafplatz auserkoren.
Freilich durfte Nelson jetzt abermals mit der Fähre fahren – in die andere Richtung, mit Adreßaufkleber am Hals und bewacht von Begleitpersonal: zurück zu seinem Besitzer Ian McDay, der seitdem genau aufpaßt, wo sein reiselustiger Kater sich zum Schlafen niederläßt.

Getigerter Kitten-Pudding

1 Päckchen Whiskas »MilkPlus«
400 ml Vollmilch
50 g Zucker
1 Päckchen Vanillepuddingpulver
200 g Blockschokolade
200 ml Schlagsahne

Von der normalen Vollmilch 6 – 8 EL wegnehmen und in eine Tasse geben. Zucker und Puddingpulver einstreuen und gut glattrühren. Wen hier die Geduld verläßt, der hat hinterher Knötchen im Pudding.
Die Energie-Bombe Whiskas »MilkPlus« zusammen mit dem Rest der normalen Vollmilch in einen Topf schütten und zum Kochen bringen. Wenn die Milch im Topf kocht, den Topf von der Platte stellen. Unter ständigem Umrühren das angerührte Puddingpulver hineingeben. Jetzt den Topf wieder auf die Kochstelle setzen. 1 Minute brodelnd aufkochen lassen. Nicht erst umrühren, wenn es schon verbrannt riecht! Den Pudding in Schälchen schütten und kaltstellen, bis er fest geworden ist.
Die Blockschokolade in einem kleinen Topf zum Schmelzen bringen. Mit einer Spritztube (zur Not geht es auch mit einem kleinen Löffel) die Tiger-Streifen auf den erkalteten Pudding aufmalen. Schlagsahne steif schlagen und das Ganze damit garnieren.
Dazu: ein kräftiger Espresso.

Tessas Tischmanieren

Saye Murry aus Tampa, Florida, fühlte sich einsam. Ihre Kinder waren flügge geworden und hatten das Haus verlassen, von ihrem Ehemann lebte sie getrennt – es war niemand mehr da, mit dem sie am Eßtisch Konversation betreiben konnte, kein Mensch, der für Unterhaltung sorgte.
Kein Mensch, wie gesagt. Aber da war noch Tessa, Sayes Siamkatze.
Und diese bat sie eines Tages zu sich an den Tisch.
»Kunststücke wie das Springen durch brennende Reifen würde ich Tessa nie zumuten«, sagte sich Saye, die viel Wert auf Tischmanieren legte, »aber

daß sie Besteck benutzt, wenn sie mit mir am Tisch sitzt, das darf ich doch wohl verlangen.«

So lernte die vornehme Tessa gesittetes Essen mit Besteck. Wohl bedurfte es einer kleinen technischen Hilfestellung (eine kleine Plastikgabel befestigte Saye mittels Klettband an Tessas Pfote), doch dann war Tessa gerne dazu bereit, nach den goldenen Regeln des Knigge jeden Abend punkt sechs gemeinsam mit Frauchen zu dinieren. Wenn sie das Hauptgericht brav aufgegessen hatte, dann durfte sie auch an Sayes Nachtisch. Bei roter Grütze mußte Saye sich beeilen, wenn sie nicht leer ausgehen wollte. Mittlerweile ist sich die feine Siamdame zu gut, überhaupt noch aus dem Napf zu fressen, geschweige denn ordinäres Trockenfutter. Der Platz am Tisch ist immer für sie reserviert.

Tessa und ihr Frauchen sind in den USA längst poulär geworden. Es gibt kaum eine Fernsehshow, in der sie noch nicht zu Gast gewesen wären. Sayes Telefon steht nicht still: viele Amerikaner haben sie gebeten, auch ihrem Haustier Manieren beizubringen. Vögel, Schlangen, Fische – alle sollen einen Touch von Wundertier bekommen.

Doch Saye hält sich zurück. Zu Hause hat Tessa nämlich noch eine kleine Schwester, die sich mit den Benimmregeln im Hause Murry noch nicht so recht anfreunden will. Sie sträubt sich bislang erfolgreich gegen den Tischsittenkurs. Also muß sie weiterhin vom Boden fressen, während Tessa das haben darf, was auf den Tisch kommt: Gabel für Gabel, schön vom Teller in den Mund geführt.

Saye Murry ist stolz auf ihre Tessa. Mit Recht, ist sie doch die einzige Katze auf der Welt, die ihre Nahrung mit Gabel oder Löffel zu sich nimmt. Und weil das schon so gut klappt, arbeitet Frauchen bereits an einem neuen Kunststück mit ihr: in Zukunft soll Tessa auch das Telefon beantworten, wenn es klingelt. Bis es soweit ist, werden wohl noch ein paar Tage vergehen. Und doch: wenn Sie eines Tages bei den Murrys in Tampa, Florida, anrufen, und es meldet sich jemand mit einem freundlichen Maunz, dann wird es wohl Tessa sein, die erstaunliche Wunderkatze mit der Gabel.

Omelett »Katze im Sack«

100 g Whiskas »Die kleinen Feinen mit Gans«
1 Zwiebel
50 g Champignons
80 g frischer Blattspinat
frisches Schnittlauch
4 Eier
4 EL Milch
etwas Butter
100 g geriebener Käse
1 EL Tomatensoße
Salz, Pfeffer

Zwiebel pellen, feinhacken. Champignons gut putzen und in kleine Würfel schneiden. Blattspinat und Schnittlauch waschen, mit einem spitzen Messer kleinschneiden. Alles in einer Schüssel mit dem Whiskas vermischen.
Eier, Milch und eine Prise Salz mit dem Schneebesen verquirlen. In einer Pfanne etwas Butter erhitzen, die Eimasse hineingeben. Bei milder Hitze kurz anbacken. Nicht umrühren, nicht wenden.
Whiskas auf das Omelett geben. Käse darüberstreuen. Omelett zusammenklappen und von beiden Seiten zu Ende backen. Es ist dann gut, wenn der Käse lecker aus den Rändern quillt.
Auf einen Teller legen, etwas Tomatensoße darübergießen, mit Salz und Pfeffer bestreuen.
🍷 **Getränk:** Gambellara.

Eine Weihnachtskatzengeschichte

Nick Brown war ein Mensch, der Tiere liebte. Er selbst besaß eine Katze, die er nach seinem Lieblingssänger Morrissey getauft hatte.
Nick war Lehrer an der Little Bowden Primary School in der englischen Stadt Marekt Harborough. Weil er seine Schüler ebenfalls zu einem respektbestimmten Umgang mit Tieren erziehen wollte und als guter Lehrer um den pädagogischen Wert eines Haustieres wußte, hatte er die Initiative ergriffen und einen Schulhamster angeschafft, der Timmy hieß und bei den Schülern seiner Klasse auf große Begeisterung stieß.
Eines Dezembertages im Jahre 1996, es war nicht mehr lange bis Weihnachten, machte Nick eine traurige Entdeckung, als er morgens vor Unterrichtsbeginn das Klassenzimmer betrat: Die Heizung war über Nacht ausgegangen, und Timmy lag kalt und steif in seinem Käfig und gab keinen Mucks mehr von sich.
Weil Nick seinen Schülern den Anblick Timmys ersparen wollte (und weil er sich nicht mehr ganz sicher war, ob er nicht selbst am Abend zuvor die Heizung in Gedanken versunken abgestellt hatte), legte er das Fellknäuel behutsam in eine Schachtel, um ihm zu Hause ein angemessenes Begräbnis zu bieten: in seinem Garten suchte er ein Plätzchen unter der Tanne, wo er eine kleine Grube aushob und Timmy im Karton bestattete. Morrissey war auch dabei. Es wurde ein würdiges Zeremoniell.
Morrissey war sogar so gerührt, daß er das Grab gar nicht mehr verlassen wollte. Ganz im Gegenteil, er fing direkt an, die Erde über dem Karton abzutragen und Timmy wieder auszugraben. Was Nick aber verhinderte.

Doch am nächsten Tag wurde klar, daß Morrisseys Interesse an der Grabstelle ungebrochen war. Als Nick von der Schule nach Hause kam, flitzte sie hinaus und nahm ihre Grabungsarbeiten auf der Stelle wieder auf.
Da wußte Nick: es gab nur eine Lösung. Er mußte Timmy exhumieren und an einen anderen Ort bringen, wenn er wollte, daß seine Katze wieder Ruhe fände. Also nahm er selbst die kleine Schaufel nochmal zur Hand und grub unter Morrisseys interessierter Beobachtung den Schuhkarton wieder aus. Daß sich in der Schachtel etwas bewegen würde – damit hatte er überhaupt nicht gerechnet. Und so bekam er erstmal einen tüchtigen Schrecken, als er den Deckel abhob: Timmy lebte! Sein Fell war zerzaust, ihm war kalt, und es ging ihm nicht wirklich gut, aber er lebte. Und so war es Morrissey, die einem kleinen Hamster das Leben rettete, an einem kalten, nebligen Tag kurz vor Weihnachten.

Kuschelmenü »Schmusekater«

Die Vorspeise:
Feine Leberpastete an Feldsalat
2 Döschen Friskies »Gourmet Gold – Häppchen und Pastete mit Pute & Leber« (ja, es muß genau die sein!)
1 Bund frischer knackiger Feldsalat
1/2 Zwiebel
Essig, Öl
Salz, schwarzer Pfeffer

Die Suppe:
Raffinierte Gemüsebrühe mit Geflügel und Croutons
100 g Whiskas »Die kleinen Feinen mit Gans«
Whiskas »Crunch!«

1 Zwiebel
1 kleiner Bund frische Petersilie
100 g Suppengemüse
1 Stengel Thymian
1 l Gemüsebrühe
ein Viertel Blumenkohl
2 kleine Möhrchen
1 kleine Stange Lauch
Salz, Pfeffer aus der Mühle, Paprikapulver

Der Hauptgang:
Charaktervolle Paella »Gonzales«
250 g Sheba »Menü mit Meeresfrüchten«
200 g Sheba »Menü mit Lamm«
1 Zwiebel
2 Knoblauchzehen
1 rote Paprikaschote
1 saftige Tomate
3 EL feines Olivenöl
50 g Rundkornreis
eine Prise Safran
$^1/_2$ l heiße Fleischbrühe
1 Glas Frascati
Salz, weißer Pfeffer

Das Dessert:
Süße Maus im Wolfspelz
100 ml Whiskas »MilkPlus«
400 ml Vollmilch
1 Päckchen Paradiescremepulver »Schokolade«
1 EL Kirschwasser
100 g Rohmarzipan
etwas Zimt
4 Kugeln Vanilleeis
Der Abschluß:
Felix »CatSnäx mit Herz & Käse«

Für den Appetit: Ein Cognac vorweg.

Zubereitung Vorspeise

Den Feldsalat gut putzen und waschen. Die Zwiebel schälen und in sehr feine Würfelchen hacken. Feldsalat mit Zwiebelwürfeln, Essig, Öl, Salz und Pfeffer in einer kleinen Schüssel anmachen.

Die Friskies-Pastete jeweils vorsichtig mit einem Messer am Rand anheben und auf einen Teller stürzen. Sie darf keinesfalls dabei zerbrechen! Den Teller dezent mit den angemachten Feldsalatblättern garnieren.

Mein Schnurrmet-Tip

Manchmal bereite ich diesen Vorspeisenteller statt mit der Pastete auch mit Whiskas »Jelly-Häppchen«. Das gibt wieder einen ganz anderen Gaumenkitzel.

Grundsätzlich reicht man hierzu goldgelbes Toastbrot.

Zubereitung Suppe

Zwiebel pellen und feinhacken. Von der Petersilie ein wenig für später zurückhalten, den Rest zusammen mit dem Suppengemüse und dem Thymian waschen und in Stücke schneiden. Alles mit der Gemüsebrühe in einen Topf geben und erhitzen. Etwa 20 Minuten kochen lassen, dann die Brühe durch ein Passiertuch drücken.

Die Suppe selbst danach im Topf wieder auf den Herd stellen. Whiskas stückchenweise dazugeben und weiter kochen lassen. Derweil Lauch, Möhrchen und Blumenkohl waschen. Alles klein schneiden, in die Suppe geben und ein letztes Mal aufkochen. Mit Salz und Pfeffer abschmecken.

Die zurückgehaltene Petersilie feinhacken. Suppe in Schalen gießen, mit der feingehackten Petersilie und den Whiskas »Crunch!« bestreuen.

Zubereitung Hauptgang

Zwiebel und Knoblauchzehen pellen, in feine Würfelchen hacken. Paprikaschote waschen, von Kernen und Frucht-

fleisch trennen und mit spitzem Messer in schmale Streifen schneiden. Tomate schälen, entkernen, achteln.
Öl in einer großen, tiefen Paella-Pfanne erhitzen. Das Sheba »Menü mit Lamm« aus der Dose locker in die Pfanne geben und rundherum anbraten. Zwiebel, Knoblauch, Paprika und Tomate dazugeben und andünsten lassen, bis die Zwiebeln schön glasig sind und die Paprika weich wird. Den Reis dazugeben, gut umrühren, Safran leicht einstreuen, nochmals umrühren. Die heiße Fleischbrühe dazugießen. Alles in dem Saft vor sich hin köcheln lassen, bis es so richtig zu einer einheitlichen, würzigen Brühe verschmolzen ist, das braucht etwa 15 Minuten. Widerstehen Sie der Versuchung und rühren Sie in dieser Zeit nicht um!
Zum Schluß das Sheba »Menü mit Meeresfrüchten« unter den Reis heben und den Frascati darübergießen. Herd ausschalten und alles noch ein paar Minuten ziehen lassen. Mit Salz und Pfeffer abschmecken.
🍷 **Getränk:** Ein guter Bordeaux.

Zubereitung Dessert

Whiskas »MilkPlus« und die Vollmilch zusammen in eine hohe Schüssel gießen. Paradiescremepulver dazumischen und mit dem Rührbesen steif schlagen. Kirschwasser unterrühren. Kaltstellen.
Mit einem Teil des Rohmarzipans zwei lange, dünne Mausschwänze und vier Mausöhrchen formen. Den Rest mit dem Zimt vermischen und vier kleine Punkte als Augen sowie zwei Mausschnauzen formen.
Jeweils zwei Kugeln Eis dicht nebeneinander auf einen Dessertteller geben. Die Paradiescreme mit einem Löffel um das Eis hüllen, so daß es vollständig bedeckt ist. Jeweils hinten die Schwänze ansetzen, vorne Augen, Öhrchen und Schnauzen an die richtigen Stellen fügen. Schnellstens servieren.
Dazu: Kaffee oder Capuccino.
Zum Abschluß: Die CatSnäx reichen.

Mein Schnurrmet-Tip:

Das Kuschelmenü »Schmusekater« ist die absolute Krönung für jeden Schnurrmet. Jeder Feinschmecker, der den ganz besonderen Geschmack der Katzenfutterrezepte zu schätzen weiß, schmilzt dahin, wenn er das Kuschelmenü serviert bekommt. Seien Sie sich dessen bewußt und demonstrieren Sie nicht banausenhaftes Verhalten, indem Sie einem Kenner das Kuschelmenü zu einer x-beliebigen Gelegenheit vorsetzen. Ich kredenze das Kuschelmenü ausschließlich bei einem romantischen Candlelight-Dinner zu zweit.

Der Schnurrmet-Knigge

Wenn Sie jetzt auf den Schnurrmet-Geschmack gekommen sind, dann vergessen Sie Ihre Katze nicht. Laden Sie sie ein – zum gemütlichen gemeinsamen Mahl.

Sicher, ich weiß, daß frischgeborene Katzenhalter ihren neuangeschafften Tieren von vornherein eine eiserne Erziehungsregel einhämmern: Die Katze gehört nicht an den Tisch! So haben wir es von erfahrenen Katzenhaltern gelernt – punktum. Aber gab es bis vor kurzem in unserem Kopf nicht auch noch eine Regel, die hieß: Menschen essen kein Katzenfutter? Und haben wir diese – vollkommen unbegründete – Regel nicht erfolgreich überwunden? Möchten Sie also ein zweites Mal mit mir versuchen, das hinter sich zu lassen, »was man schon immer gesagt hat«, einfach um einer neuen Erfahrung willen? Oder möchten Sie Ihr Leben in den engen Grenzen leben, die Ihnen die überkommenen Ratschläge Ihrer »katzenerfahrenen« Arbeitskollegin oder ein »moderner« Katzenratgeber stecken? Denken Sie nur an Saye Murry aus Tampa in Florida und an ihre Katze Tessa: die beiden sitzen nicht nur täglich gemeinsam am Tisch, sondern sie essen auch beide mit Besteck. Welch ein Ereignis! Warum nicht ein Festessen zusammen mit Freunden und deren Katzen veranstalten?

Wenn Sie Ihre Katze mögen, spricht überhaupt nichts dagegen, daß sie auch mit Ihnen am Tisch sitzt (es sei denn, Sie sind Allergiker oder wohnen mit einem solchen zusammen). Natürlich müssen beide

Seiten dabei gewisse Verhaltensgrundsätze beachten – ich plädiere nicht dafür, daß ein schmutziges Tier wild und unkontrolliert auf Ihrem Essenstisch herumspringt! Aber wenn man sich höflich arrangiert, können Sie Ihrem Tier – und sich selbst – wohl kaum eine größere Freude des Zusammenlebens machen.

Wußten Sie eigentlich ...

... daß Katzen beim Fressen Gesellschaft über alles lieben und daß eine harmonische Atmosphäre für sie wichtiger ist als alles andere? In wissenschaftlichen Versuchen wurde festgestellt, daß Katzen viel besser fressen, wenn man dabei mit ihnen spricht und ihnen ein Gefühl der Gemeinsamkeit gibt. Durch lauten, aufdringlichen Lärm allerdings stört man das Tier bei der Nahrungsaufnahme.

Wie man den Tisch korrekt deckt

Das Auge ißt mit! Bedenken Sie bitte, daß Katzen besonders gute Augen haben. Sie sehen auch im dunklen Kerzenlicht noch etwaige Unsauberkeiten auf Ihrer Tischdecke, die Sie zwar vor Ihren menschlichen Gästen gut verbergen können. Aber bitte verderben Sie Ihren Katzengästen nicht mit so etwas den Appetit!

Planen Sie für die Katzen Plätze am Tisch ein, die ihnen genug Freiraum bieten: Sie sollen zwar Ihre Gesellschaft spüren, dürfen sich aber von den menschlichen Gästen am Tisch nicht bedrängt fühlen. Bringen Sie die Katzen auch nicht mit völlig fremden Gästen beim Essen zusammen – das verunsichert sie. Es entspricht generell nicht den guten Sitten, zu einem Essen, bei dem Katzen anwesend sind, auch Hunde einzuladen. Treffen Sie die Anordnungen so, daß die Katze nicht unentwegt Ihren Kanarienvogel im Auge haben muß – sie kann sich dann nicht gut auf ihr eigentliches Fressen konzentrieren.

Wußten Sie eigentlich ...

... warum Katzen, wenn sie einen Vogel sehen, den sie nicht erreichen können, in ein lautes Zähneklappern verfallen?
Das ist eine sogenannte Leerlaufhandlung. Die Katze ist enttäuscht, weil sie den Leckerbissen nicht erreichen kann und führt als Ersatzhandlung quasi trocken ihren speziellen Tötungsbiß aus.

Stellen Sie für die Katzen hohe Stühle bereit – sie sitzen dann mit ihren beiden Hinterpfoten auf dem Stuhl, die Vorderbeine stellen sie auf den Tisch. So ißt auch Saye Murry aus Tampa in Florida mit ihrer Tessa – es ist die bequemste Haltung. Haben Sie keine Angst davor, daß die Katze herunterfallen könnte – Sie wissen ja: Katzen landen immer auf den Füßen! Ansonsten decken Sie den Tisch ganz normal – mit großen Tellern überall dort, wo die Katzen sitzen. Anstelle der Salatteller sollten Sie an den Katzenplätzen kleine Schüsseln mit frischem Gras hinstellen.

Wußten Sie eigentlich ...

... warum Katzen Gras fressen?
Das ist noch nicht ganz geklärt. Einer der modernsten Theorien besagt, daß sie mit dem Gras die lebenswichtige, vor Anämien schützende Folsäure zu sich nehmen, die in der Fleischnahrung nicht enthalten ist.

Umgangsformen und Tischsitten

Wenn ein Katzengast Sie dadurch begrüßt, daß er sich auf den Rücken wälzt, so seien Sie sich der Ihnen dadurch zuteil werdenden Ehre bitte bewußt: diese Art der Begrüßung ist ein absoluter Vertrauensbeweis. Grüßen Sie höflich zurück, knien Sie sich dazu auf Sichthöhe des Gastes nieder, nicken Sie ihm also nicht einfach von oben herab zu. Glauben Sie aber

nicht, daß Sie die Katze durch das Zurschaustellen ihres Bauches eingeladen hätte, diesen zu streicheln. Der Katzenbauch ist ein höchst empfindliches Weichteil, und es gilt als äußerst unverschämt, ihn zu berühren. Wundern Sie sich im Fall der Regelverletzung nicht, wenn Ihr Katzengast verärgert reagiert und Ihnen mit der Pfote einen Schlag versetzt.
Vergessen Sie nicht: Das kräftig für menschliche Geschmacksnerven gewürzte Essen, das Sie selbst genießen, ist nicht unbedingt etwas für die Katzen. Servieren Sie ihnen daher entweder deren Lieblingsfutter aus der Dose auf den Teller – oder kochen Sie speziell für die Tiere ein extra Gericht: schöne Kochrezepte für Katzen liefert zum Beispiel Jean Pütz in seinem »Hobbythek-Katzenbuch«.
Drängen Sie der Katze kein Essen auf. Im Gegensatz zu Menschen achten Katzen sehr diszipliniert auf ihre Linie. Sie sind kleine Mahlzeiten im Mausportionen gewohnt. Wenn eine Katze nichts mehr essen möchte, so macht sie dies deutlich, indem sie an dem Essen riecht und sich dann abwendet.

Wußten Sie eigentlich ...

... daß der Katze ihr Futter stets körperwarm (etwa 38 Grad Celcius) serviert werden sollte?
Seien Sie also nicht überrascht, wenn Ihr Tier Fleisch oder anderes Futter aus dem Kühlschrank verschmäht.

Wenn eine Katze aber etwas ganz besonders gern ißt, so weiten sich ihre Pupillen, wenn sie dieses Essen anschaut; ihr Schwanz ist dann nicht selten ein wenig nach oben gebogen. Geben Sie ihr in diesem Fall ruhig noch ein Häppchen von dem auf den Teller, was sie gerade anstarrt.
Es entspricht den Höflichkeitsregeln, einer Katze bei

Tisch Milch und Wasser gleichzeitig zu reichen und ihr die Wahl zu überlassen, was sie trinken möchte. Besonders einige Siam-Arten werden schnell von empfindlichen Magenbeschwerden heimgesucht, wenn man ihnen kein Wasser an den Platz stellt, von dem sie jederzeit schnell trinken können.

Wußten Sie eigentlich ...

... daß Milch für Katzen kein Getränk ist, sondern Flüssignahrung? Durst kann die Katze ausschließlich mit Wasser löschen – ohne Wasser würde sie jämmerlich verdursten.

Außerdem sollte ein zweites Schälchen Wasser bereit stehen, in dem sich die Katze die Pfoten waschen kann. Die sprichwörtliche Katzenwäsche wird von den Tieren nicht nur um der Sauberkeit willen praktiziert – sie ist auch ein wichtiges Ritual, mit dem sich die Katze von Fremdgerüchen befreit. Während wir Menschen uns nämlich weitgehend mit unseren Augen orientieren, geschieht das bei der Katze über den Geruchssinn – kein Wunder, daß sie da störende Essensdüfte nicht gebrauchen kann.
Reden Sie gedämpft. Das Gehör der Katze ist wesentlich empfindsamer als das des Menschen. Lautes Geschrei oder gar Streit am Tisch schmerzen das Tier.

Wußten Sie eigentlich ...

... daß Katzen noch Töne mit bis zu 100.000 Schwingungen pro Sekunde wahrnehmen können, während der Mensch bei 20.000 schon überfordert ist?
100.000 Schwingungen pro Sekunde erreicht auch die höchste Tonlage, mit der eine Maus Laute von sich geben kann – sie wird daher niemals den Ohren ihres natürlichen Feindes entwischen können.

Schauen Sie einer Katze niemals direkt in die Augen, auch nicht, wenn sie sich mit ihr unterhalten. Das mag unhöflich klingen, ist aber eine wichtige Umgangsregel. Jeder direkte Augenkontakt mit der Katze flößt ihr Angst ein, und niemand kann sein Essen genießen, wenn ihm sein Tischgegenüber Angst macht.
Wenn die Katze dennoch – durch welches Ereignis auch immer – in Aufregung gerät, genügt ein kurzes Blinzeln mit den Augen, um ihr Gefahrlosigkeit zu signalisieren: Schauen Sie die Katze an und schließen und öffnen Sie ein paarmal langsam die Augen.
Werden am Tisch Rauschdrogen konsumiert, denken Sie bitte auch an Ihre kätzlichen Gäste. Stellen Sie ihnen Katzenminze (*Nepeta cataria*) oder wenigstens Baldrian (*Valeriana officinalis*) zur Verfügung; das ist der Stoff, mit dem Katzen am liebsten auf den Trip gehen. Sie können dadurch bis zu zehn Minuten lang high werden.

Wußten Sie eigentlich ...

... daß die verblüffende Wirkung, die Nepta und Baldrian auf Katzen ausüben, schon oft Gegenstand wissenschaftlicher Untersuchungen war?
Man stellte dabei fest, daß die biochemischen Reaktionen, die bei der Katze durch die Präparate ausgelöst werden, mit denen vergleichbar sind, die LSD oder Haschisch hervorrufen – ohne schädliche Nebenwirkungen.

Achten Sie jedoch darauf, daß die Katze keinen Alkohol zu sich nimmt. Sie verdirbt sich sofort den Magen. Unter Alkoholeinfluß kann sie schnell bewußtlos werden.

Nach dem Essen

Nach dem Essen braucht die Katze Ruhe. Hindern Sie sie nicht daran, sich zurückzuziehen – jetzt ist nicht der richtige Zeitpunkt, um mit ihr spielen zu wollen. Im Gegensatz zum Menschen liegt der Katze nicht viel daran, nach dem Essen noch lange beisammenzusitzen. Sie schläft lieber.

Wenn Sie aber zusammen mit Ihrer Katze im Schoß ein Mittagsschläfchen halten wollen, dann kann es leicht zu folgendem Zwischenfall kommen: Aus ihrer Babyzeit ist es die Katze gewohnt, durch Treten gegen den Bauch ihrer Mutter die Milchproduktion anzuregen. Hin und wieder tut sie dies später auch beim Menschen, wenn sie ruhig mit ihm kuschelt – manche Katze vergißt allerdings, daß ihr seit ihrer Kindheit scharfe Krallen gewachsen sind – das kann dann ein klein wenig schmerzhaft werden. Nehmen Sie es dem Tier nicht übel – stehen Sie behutsam auf und setzen Sie die Katze auf den Boden.

Wußten Sie eigentlich ...

... daß Katzen überhaupt nur deshalb gerne mit dem Menschen kuscheln, weil er für sie wie eine Mutterkatze ist?

Wenn Sie Ihre Katze streicheln, dann ruft das bei ihr dasselbe Gefühl hervor, das sie damals hatte, als sie von ihrer Mutter abgeleckt wurde. Dies ist eine Situation, in der sich das Tier bei Ihnen voll und ganz geborgen fühlt.

Übung macht den Meister

Es wird sicherlich ein wenig dauern, bis die gemeinsame Einnahme der Mahlzeiten mit ihrer Katze ein eingespieltes Ereignis wird – aber es wird dann auch sicherlich ein Ereignis sein, auf das Sie nie wieder verzichten möchten!

Und zum Schluß ...

... möchte ich Ihnen einen Ausspruch mit auf den Weg geben, den Compton Mackenzie einmal von sich gab:
»Eines der größten Vergnügen, das ich empfinde, wenn Katzen um mich herum sind, ist, ihre absolute Hingabe an die körperliche Bequemlichkeit zu beobachten.«
Hat er nicht recht? Sind Katzen nicht das Paradebeispiel für Tiere, die ihr Leben ohne Abstriche genießen? Sie sind Leckermäulchen: Sie fressen nur, was ihnen beliebt. Sie schlafen, wenn sie müde sind. Wenn sie Bewegung brauchen, gehen sie auf die Jagd. Egal welche Haltung sie auch einnehmen – man hat immer das Gefühl, sie haben es sich unüberbietbar bequem gemacht. Ärzte haben sogar herausgefunden, daß bei uns Menschen oftmals schon der bloße Anblick einer ruhig schlafenden Katze unseren Blutdruck senkt. Und haben Sie jemals ein Tier gesehen, das es mehr genossen hätte, von Ihnen gestreichelt zu werden? Oder das diese absolute Hingabe an sinnliches Wohlempfinden, welches eine friedlich schnurrende Katze ausstrahlt, übertroffen hätte?
Wenn es uns gelingt, uns nur ein kleines Stück der Lebensphilosophie einer Katze anzueignen, dann können wir die glücklichsten Menschen sein. Ich wünsche Ihnen alles Gute auf dem Weg zum Schnurrmet und auf dem Weg zu einem sinnlichen, genußbereiten Leben.

Das Schnurrmet-Gästebuch

Wenn Sie im (Katzen-) Freundeskreis häufiger Einladungen austauschen und gemeinsam festliche Mahlzeiten genießen, sollte es fürs spätere Erinnern schöner Brauch sein, ein Gästebuch zu führen, das Ihre Katzengäste mit einbezieht.
Fotokopieren Sie die Musterseiten und basteln Sie daraus Ihr kostbares Erinnerungsstück, Ihr Schnurrmet-Katzen-Gästebuch.

Das bin ich:

Name

rechte Pfote

Und das ist mein Mensch:

Name

rechter Daumen

Wir waren hier am:

Zu essen gab's:

Und beim nächsten Mal wünschen wir uns:

Aufruf an die Leser

Hat es Ihnen geschmeckt? Wenn ja, dann sind Ihnen sicher schon während des Kochens selbst neue Variationen eingefallen, eigene Kreationen, die auf Ihren individuellen Geschmack abgestimmt sind.
Behalten Sie diese Rezepte nicht für sich! Ich freue mich über alle Œuvres, die meine Sammlung ergänzen. Ganz toll wäre natürlich, Sie würden die verwendeten Zutaten zuvor testen und eine kurze Kritik dazu verfassen ...

Einsendungen bitte an den Eichborn Verlag
Stichwort: Schnurrmet
Kaiserstraße 66
60329 Frankfurt